MOINS 125

GUY CARLIER
DR JEAN-MICHEL COHEN

MOINS 125

COLLECTION **DOCUMENTS**

cherche
midi

Vous pouvez consulter notre catalogue général
et l'annonce de nos prochaines parutions sur notre site:
www.cherche-midi.com

© le cherche midi, 2019
30, place d'Italie
75013 Paris

Mis en pages par Soft Office
Dépôt légal: mai 2019
ISBN: 978-2-7491-6173-0

À tous ceux que ma folie a fait souffrir,

*À tous ceux qui, dans la honte et la solitude,
revivent chaque nuit le mythe de Sisyphe
en engloutissant des tombereaux de mauvaise bouffe
sans jamais parvenir à combler leurs gouffres affectifs.*

*À Jean-Michel Cohen,
qui m'aime davantage que les caméras –
c'est dire l'affection qu'il me porte.*

*Pour Myriam,
une vraie histoire d'amour qui m'a permis
d'avancer dans la vie, de garder toujours
un œil bienfaisant sur les autres.
Et permis de fonder cette tribu
d'enfants et petits-enfants que j'aime tant!*

1

SURTOUT, LISEZ ÇA !
Sgt. Pepper's Lonely Hearts Club Band

Si ce livre débute par cette injonction surprenante, c'est tout simplement parce que les lignes qui vont suivre constituent un avant-propos. Or, vous savez parfaitement qu'on ne lit jamais les avant-propos, les préambules et autres préfaces. Je ne vous le reproche pas, tant ces prologues ne sont qu'un plaisir que s'offrent les auteurs et les éditeurs, en sollicitant un Jean-Claude Carrière toujours disponible pour rédiger une préface dont les lecteurs n'auront strictement rien à faire, d'autant qu'ils le confondent avec Claude Carrère, l'imprésario de Sheila, Éric Carrière, ancien grand joueur de foot consultant à Canal+, ou Mathieu Carrière, le comédien qui jouait les désarrois de l'élève Toerless.

Il n'est pas donc pas inutile de rappeler que Jean-Claude Carrière est cet écrivain dont l'activité principale consiste à remplacer au pied levé un invité qui se désiste en dernière minute dans une émission de France Inter. Lorsqu'un assistant paniqué s'écrie en régie : « Merde, je viens d'avoir Lucchini au téléphone, il nous plante, il est au lit avec 40 de fièvre », le programmateur soupire et compose le numéro de Jean-Claude Carrière.

« Oui, bonjour, je sais que vous êtes surbooké, mais nous aimerions vous avoir en studio aujourd'hui. (...) Dans deux heures. Oui, je sais, nous nous y prenons un peu tard... (...) C'est ça, prenez votre planning. (...) Oh là, effectivement, un rendez-vous avec le dalaï-lama, un documentaire sur Luis Buñuel, et une conférence à l'université de Téhéran... Oui, je comprends. (...) Ah, vous avez un creux aujourd'hui ? Formidable ! On vous attend, monsieur Carrère. (...) Oui, Carrière, pardon. (...) Oui, bien sûr, nous prenons en charge le taxi. (...) Oui, service Premium, d'accord. À tout à l'heure ! »

Et de sa belle voix grave qui plaît tant aux institutrices divorcées, Jean-Claude Carrière racontera pour la centième fois ses longues promenades crépusculaires avec le dalaï-lama, au cours desquelles ils échangent des réflexions sur le sens de la vie.

(Vous imaginez bien que le dalaï-lama n'a pas divulgué à Jean-Claude Carrière le sens de la vie, et que la révélation la plus importante qu'il lui ait confiée est : « Tiens, je boufferais bien des coquillettes à midi, moi ! »)

Dans les préfaces qu'il rédige, Jean-Claude Carrière relate ces promenades, et l'absence de témoin lui permet d'adapter cette conversation à l'ouvrage à préfacer. S'il s'agit d'un livre sur les chats, il écrira : « Ce jour-là, tandis que nous marchions sur la colline qui domine Dharamsala, le dalaï-lama m'a soudain confié : "Si la maison prend feu, entre un Rembrandt et le chat, sauvez le chat." » S'il s'agit d'un manuel de plomberie, il lui confiera : « Savez-vous qu'à Katmandou j'ai éprouvé plus de difficultés à trouver un plombier le week-end qu'à apprendre par cœur le *Grand Livre du bouddhisme* ? »

Voilà pourquoi vous ne lisez jamais les avant-propos ou les préfaces. Mais, pour une fois, faites une exception et, surtout, lisez ça !

Car ce qui suit n'est pas un avant-propos, ce sont les *clés* du propos. Ces clés vont vous ouvrir toutes ces portes que j'ai soigneusement gardées hermétiquement closes pendant des années, au point qu'à une époque je les ai enfouies sous 250 kilos de graisse.

Il y a dix ans, je pesais plus de 250 kilos. Chaque jour, des crises compulsives de boulimie massive m'entraînaient vers une mort prochaine inéluctable, à laquelle je m'étais inconsciemment résigné.

Aux pires heures de cette autodestruction, j'ai rencontré un homme qui est parvenu à stopper cette spirale boulimique morbide et m'a aidé à perdre 125 kilos, c'est-à-dire un demi-Carlier de l'époque. Cet homme se nomme Jean-Michel Cohen.

Ce livre raconte l'histoire de l'amitié improbable entre l'obèse le plus célèbre de France et le nutritionniste le plus médiatisé du pays.

Il raconte comment, grâce à cet homme, j'ai combattu le monstre caché au fond de moi, qui réclamait sans cesse de la nourriture pour calmer un besoin d'amour inassouvi. Ce monstre a pris ses aises dans mon ventre, puis, lorsqu'il s'est senti à l'étroit dans une panse devenue gargantuesque, il a envahi le reste de mon corps de sa graisse malsaine. Il s'est attaqué à mes genoux, dont il a bouffé le cartilage. Je l'entends encore rire lorsqu'il me voyait marcher comme une mémé octogénaire. Lorsque j'ai remplacé ces genoux dévastés par des prothèses en titane qui sonnent dans les aéroports comme si j'attaquais la Banque de France, il s'est réfugié dans le tablier de peau et de graisse qui se formait au fur et à mesure que je maigrissais, faisant comme un rideau qui cachait ma bite et tombait sur mes cuisses. Alors je me suis fait couper en deux pour m'amputer de ce tablier ou se terrait l'infâme.

Chaque fois que je perdais du poids, à chaque opération, c'est un peu du monstre que je chassais de moi. Pourtant, s'il a abandonné peu à peu les territoires qu'il occupait, il est longtemps resté caché dans les replis de mon âme, à attendre que je sois fragile, que je craque, pour m'envahir à nouveau.

Ce livre raconte également dix ans de ma vie. Comment, au plus fort de ma déchéance physique et malgré elle – ou peut-être grâce à elle –, j'ai réalisé mes rêves d'enfant. Je sais, l'expression « rêves d'enfant » est convenue mais je l'emploie à dessein car ce livre raconte à quel point ma vie fut également un cauchemar d'enfant.

Il raconte aussi le coup de théâtre qui allait bouleverser mon existence. Cette femme qui me voit à la télé et qui m'écrit de Corse pour me dire qu'elle est ma sœur. Mon père n'était pas mon père, et je ne le savais pas. Ça ressemble à une chanson de Sacha Distel et c'est pourtant du Shakespeare.

J'aurais pu terminer ce livre le jour où j'ai constaté sur ma balance que j'avais perdu 125 kilos, c'est-à-dire un demi-moi de mon paroxysme boulimique. Une belle histoire de régime et d'amitié, avec, en contrepoint, le regard amical mais clinique de Jean-Michel Cohen.

Et il y a cet avant-dernier chapitre, mélancolique et désabusé. Après toutes ces années de combat, après l'ultime victoire, j'ai pris conscience que j'étais devenu vieux le jour où la SNCF m'a proposé une carte Senior+. Senior, mot infect, dégoulinant de politiquement correct, qui est à « vieux » ce que Stéphane Bern est à Keith Richards. Senior est un mot inodore, incolore, sans saveurs, aseptisé comme si on avait passé sur le mot *vieux* ce gel désinfectant que l'on trouve à l'entrée des chambres d'hôpital. Senior pue les dimanches devant Drucker et une table en merisier sur laquelle on remplit « les papiers » pour la convention obsèques, les procurations pour les comptes bancaires afin de limiter les frais de succession « s'il arrivait quelque chose » et un bulletin d'inscription à la croisière « Salut les copains » dans un paquebot de luxe. Senior est un mot qui adoube une vie consacrée à la quête de la bourgeoisie bien-pensante. De la même façon que Brel disait : « Il faut bien du talent pour être vieux sans être adulte », il faut être bien con pour être senior dès la première enfance.

Celui dont la responsable de la crèche dit aux parents : « Il est tellement sage, avec lui jamais de problèmes, il s'entend bien avec tout le monde et ne jette jamais ses affaires », une vie plus tard, une surveillante d'EHPAD dit aux enfants du senior : « Il est tellement sage, avec lui jamais de problèmes, il s'entend bien avec tout le monde et ne jette jamais ses affaires. » Alors, ses enfants, avec le même sourire de fierté qu'arborait sa mère à la crèche, lui diront : « Papy, pour te récompenser, on a décidé de t'offrir une croisière "Salut les copains"… Tu as vu, sur le prospectus, il y a écrit : "Ce paquebot est tellement confortable que vous aurez l'impression d'être sur la terre ferme." Tu es heureux, n'est-ce pas ? Au fait, n'oublie pas de signer les papiers pour la procuration sur le compte. » Le + de Senior+, c'est quand le vieux signe la procuration.

Je ne veux pas de vos croisières de seniors. Je préfère encore les naufrages de la vieillesse dont parlait Malraux.

Je ne veux pas devenir un senior aseptisé réveillé par une aide-soignante qui demande : « Il a bien dormi ? »

Je veux des naufrages, des orages prostatiques, des voies d'eaux incontinentes, des difficultés respiratoires, des fausses routes, des étouffements et des bonbonnes d'oxygène, des arrêts cardiaques avec, à chaque fois, un mec du Samu qui crie : « On est en train de le perdre » au moment où la trace verte qui zigzague sur le moniteur de l'électrocardiogramme reste soudain à l'horizontale avec un bruit continu, avant que les chocs électriques le fassent repartir. Je veux que, dans ces courts moments de mort imminente, les plus fortes émotions de ma vie remontent à ma mémoire pour un dernier salut.

« Tiens, bonjour Maman ! Oui, je t'ai dit Maman, à toi que je n'ai jamais appelée que Carmen parce que je n'osais pas. »

« Tiens, voilà mes fils, mes amours. Eh, les garçons, vous voyez, je meurs ? Non ? C'est pas grave, le plus important c'est qu'enfin on puisse se parler. Allez-y, dites-moi ce qui a merdé. Dépêchez-vous, je sens que le massage cardiaque du pompier à mauvaise haleine me ramène à la conscience ! Allez, dites-moi qu'au moins vous n'avez pas de doute sur mon amour… Merde, ça y est, le pompier me ranime. Dites, vous reviendrez, n'est-ce pas ? Je vous en supplie. Je voudrais tellement savoir ce qui a merdé entre nous… »

Je ne serai jamais un senior. Plutôt les naufrages de Malraux que les croisières "Salut les copains". Je sais que je me prépare de purs moments de rock'n'roll, mais je veux devenir vieux. Un vieux qui puera la pisse et le mal torché, un vieux à qui la vieillesse offrira enfin l'audace de dire ce qu'il pense, qui se moquera du qu'en-dira-t-on et qui répondra au sourire des seniors tellement plus pitoyables que l'aïeul enfin assumé que je serai devenu en pétant dans l'ascenseur.

Je ne pouvais terminer le livre sur cette victoire au goût amer. Car, paradoxalement, je ne me suis jamais senti aussi heureux. Peut-être me suis-je allégé au point de toucher les étoiles. Je suis vieux, peut-être, mais je suis enfin parvenu à m'aimer et à donner de l'amour.
Alors, peu importe la vieillesse pourvu que j'aie l'ivresse.

2

ARGENTEUIL, OCTOBRE 2011

She's Leaving Home

Ma mère venait d'apprendre qu'elle était condamnée à mort par un cancer du poumon facétieux, qui avait choisi une victime qui n'avait jamais fumé de sa vie. Elle avait quitté l'hôpital pour passer ses derniers jours dans son pavillon d'Argenteuil. C'était la maison de sa vie, elle voulait y attendre la mort.

Ce dimanche-là, nous étions allés la voir, avec Antoine, mon fils, qu'elle adorait. Ce dernier nous avait questionnés sur l'impressionnante dégradation physique de sa grand-mère, et nous ne lui avions pas caché qu'elle était malade. Gravement malade. Cette nouvelle l'avait attristé, bien entendu, mais soudain, dans un élan d'espoir, il nous avait demandé : « Mais si Mamie meurt, elle rejoindra Pounot et Tara dans le ciel ? » Pounot, c'était son grand-père, et Tara notre chienne, morte quelques mois plus tôt. Je n'avais pas eu le cœur de le détromper.

En cet après-midi d'octobre, comme l'automne était doux, nous avions laissé ouverte la porte du salon. Ma mère s'était levée avec peine pour nous y rejoindre, et donnait le change en faisant semblant de boire le thé que nous lui avions préparé. Elle souriait en écoutant nos conversations dérisoires qui évitaient ostensiblement de parler de la maladie et de la mort. Elle hochait la tête en pilotage automatique, mais ne quittait pas des yeux Antoine, qui jouait sur le perron, essayant d'attraper une branche de la vigne qui recouvrait la cour du pavillon.

Elle était parfaitement lucide et connaissait le mal dont elle souffrait, et le temps qui lui restait à vivre. Mais, dans une incroyable séquence de déni provoquée par l'instinct de survie comme en connaissent ceux qui sentent le souffle de la mort, elle murmura en regardant Antoine : « Je demande juste à Dieu de le voir jusqu'à ses dix ans. » Il en avait quatre.

Antoine finit par attraper une branche de vigne, en détacha une grappe de raisin à moitié moisie, rentra en courant dans la maison, et tendit la grappe à ma mère en lui lançant joyeusement : « Tiens, Mamie ! Voilà un souvenir pour quand tu seras morte. »

Ma mère mourut quelques jours plus tard à l'hôpital d'Argenteuil où elle m'avait mis au monde.

3
LE MUR DES LAMENTATIONS
With a Little Help from My Friends

À mon réveil, j'ai senti cette petite boule sur l'omoplate gauche. Dès cet instant, rien d'autre n'existait que cette tumeur dont j'eus immédiatement la certitude qu'elle était maligne. Putain, j'ai un cancer! Une bombe nucléaire venait d'exploser dans ma vie.

Lecteur, mon ami, j'ai pleinement conscience que le paragraphe qui précède est une suite de lieux communs d'une affligeante banalité. Et je comprends tes interrogations sur la qualité littéraire de cet ouvrage qui, dès les premières lignes, balance de tels poncifs. Mais sache que j'ai longuement cherché en vain une formulation de haute tenue pour décrire l'état dans lequel me plongea la découverte matutinale de ce cancer. J'aurais aimé t'offrir des fulgurances céliniennes, des métaphores hugoliennes et des désespoirs baudelairiens, mais mon cerveau fatigué par toutes ces années à côtoyer le néant médiatique a tendance, parfois, à ne me proposer que des banalités.

Voilà pourquoi, après avoir relu ces premières lignes, mon découragement était tel que je renonçai à écrire ce livre. Je pris rendez-vous avec mon éditeur pour lui faire part de ma décision. À peine entré dans son bureau, avant qu'il n'ait eu le temps de me demander ce qui se passait, je lui tendis brutalement et sans dire un mot la première page. Après l'avoir lue avec attention, il la laissa tomber sur son sous-main en cuir, ôta ses lunettes, les tendit vers la lumière de sa lampe comme s'il cherchait une trace sur le verre. Puis, toujours silencieux, il finit par les déposer sur mon misérable feuillet et, comme le faisait Lino Ventura pour se calmer lorsqu'il était exaspéré, il se massa doucement la base du nez entre le pouce et l'index, en soupirant longuement pour donner à la situation une dimension solennelle. Mais son effet dramatique tomba à plat, car son soupir provoquait un frémissement grotesque de ses poils nasaux. Il finit par dire :

« *Tu as raison, ce n'est pas de la haute littérature. Mais, crois-moi, sur le plan de la qualité d'écriture, tu es au niveau de ce qui se fait de mieux en ce moment !* »

Comme je lui faisais remarquer que le numéro 1 des ventes avait pour titre Mon colon est mon deuxième cerveau, *il me répondit :*

« *Que veux-tu, le public s'est pris de passion pour la relation gastrospirituelle… Et, justement, ton bouquin va toucher le cœur de cette cible !*

– Oui, mais enfin, l'important, c'est le style !

– Ferré chantait "Ton style, c'est ton cul". Eh bien toi, ton style, c'est ton ventre, tes 250 kilos, ta boulimie suicidaire. Et l'homme qui t'a sauvé la vie en t'en faisant perdre la moitié. Le public va adorer, comme il a adoré les bouquins dans lesquels on lui expliquait comment se sentir bien dans sa peau en trempant son cul chaque matin dans une bassine d'eau froide. »

À cette évocation, ses yeux s'embuèrent.

« Quand je repense à ça, j'ai les poils des bras qui se dressent. Les imprimeurs n'arrivaient pas à suivre… Les rotatives en surchauffe rendaient l'âme les unes après les autres au point qu'on a été obligé de faire appel aux Allemands… Chez Offset-Helmut, à Munich, ils ont embauché des typographes turcs qui bossaient jour et nuit pour nous, et on a mis en place un pont aérien entre l'aéroport Franz-Josef-Strauß et Orly, où les camions des NMPP chargeaient directement sur la piste pour aller approvisionner les grossistes… »

J'étais fasciné par la larme de nostalgie qui descendait le long de sa joue, semblait hésiter en cherchant son chemin au gré des reliefs de son visage, s'arrêtant un instant sur le point saillant de la pommette, puis, au moment où elle arrivait à la commissure des lèvres, il conclut :

« Je vais te dire, mon Guy, ton bouquin, c'est le chaînon manquant entre Rika Zaraï et Mon colon est mon deuxième cerveau. Alors vas-y, petit, raconte-leur l'histoire édifiante de tes 250 kilos, de la mort à court terme qu'ils te promettaient et, surtout, de la rencontre avec celui qui t'a sauvé la vie. »

Je m'emportai. Serrant les mâchoires pour montrer ma colère et ma détermination, je m'exclamai :

« Désolé, mais jamais je ne céderai à la facilité ! Jamais je n'écrirai ce livre ! »

(D'aucuns me feront remarquer qu'il est difficile de serrer les mâchoires et de s'exclamer en même temps. À ceux-là, je répondrai qu'avec un peu d'audace on peut se permettre ce genre de licence littéraire. On ne peut pas le faire, mais on peut l'écrire. Cet ouvrage est en quelque sorte un Picasso littéraire.)

Dans un mouvement théâtral – limité par l'arthrose –, je fis demi-tour et, afin de montrer à mon éditeur à quel point il avait bafoué mon exigence littéraire, je sortis du bureau en claquant violemment la porte. Ce qui m'empêcha d'entendre le début de sa phrase d'adieu. En revanche, comme je perçus *nettement les derniers mots – « euros d'à-valoir » –, je me remis immédiatement au travail.*

Après la scène pénible que je viens de vous décrire, je suis donc retourné à mon bureau pour écrire cette histoire d'une mort programmée et d'amitié avec cet homme auquel tout m'opposait, que j'ai détesté au début de notre relation, et qui est devenu plus qu'un ami. Un peu comme dans les films américains, où deux flics qui se haïssent sont contraints de faire équipe et finissent par lier une amitié extraordinaire le jour où l'un d'eux sauve la vie de l'autre.

À mon réveil, j'ai senti cette petite boule sur mon omoplate gauche. Je sais, j'ai déjà écrit cette phrase, mais, comme j'ai inséré une interminable digression, je craignais que vous ayez perdu le fil et préfère reprendre l'intégralité de mon récit. Ne croyez surtout pas que je tire à la ligne ! Ce retour au début du chapitre est destiné à vous faciliter la compréhension du texte.

À mon réveil, j'ai senti cette petite boule... Oui, ça fait trois fois ! Mais cette nouvelle digression était nécessaire afin que vous compreniez les raisons de cette répétition, et que vous ne veniez pas vous plaindre ensuite en me disant : « Avec toutes ces digressions, on perd le fil du récit. » Car, au fond, l'histoire que je raconte dans ce livre n'est qu'un prétexte. L'important, ce sont les digressions.

À mon réveil, j'ai senti cette petite boule sur mon omoplate gauche. À chacune de mes palpations, ce matin-là, je sentais la protubérance grossir. Au fur et à mesure qu'elle envahissait mon corps, l'anxiété et la peur submergeaient mon esprit, qui devint très vite incapable d'exprimer la moindre pensée structurée et cohérente. Je n'avais plus qu'une seule idée en tête : appeler Jean-Michel.

Jean-Michel, c'est Jean-Michel Cohen. Oui, le docteur de la télé. C'est bien lui mon ami, mon frère, l'homme qui m'a sauvé la vie. Mais j'y reviendrai plus longuement, ne vous inquiétez pas ; il est le héros de ce livre.

Il faisait encore nuit. Au prix d'un terrible effort, je décidai d'attendre une heure décente pour l'appeler. Je restai prostré, assis au bord du lit, incapable de faire autre chose que caresser mécaniquement cette excroissance hypnotique. Et, à 9 h 01, je me ruai sur le téléphone.

« Jean-Michel, c'est Guy. Pardon de te déranger, mais là, c'est grave...

– C'est vrai, tu me déranges. Mais, te connaissant, j'imagine qu'il s'agit d'un cas de force majeure comme... Un nouveau cancer, par exemple ?

– Ne déconne pas ! Cette fois-ci, c'est sérieux. Je sens la tumeur sous mes doigts. Je dois absolument te voir. Au plus tôt.

– Ce n'est pas possible dans l'immédiat. Mais dis-moi, où se situe précisément ce nouveau cancer qui m'inquiète terriblement au point que ma voix tremble ? Dis, tu as remarqué comme ma voix tremble ? D'ailleurs, elle ne tremble pas : elle chevrote. Et quand ma voix chevrote, c'est le degré ultime de l'inquiétude. Alors, avant de sombrer dans l'inconscience de l'agonie, dis-moi vite où est localisée cette tumeur... »

Ses sarcasmes désamorçaient mon angoisse, mais, afin d'être totalement rassuré, je fis mine de les ignorer. Je dis assez stupidement :

« Tiens, regarde, elle est là ! Sur mon omoplate gauche. Tu vois, elle roule sous mes doigts, et... Putain, Jean-Michel, elle n'arrête pas de gross... »

Il m'interrompit en explosant de rire.

« Ah, la vache, j'avais raison d'être inquiet ! Tu es mon ami, je te dois la vérité : il va te falloir être fort. Tu présentes les symptômes d'un cancer métastatique de stade 4. Le cancer de l'épaule gauche, c'est bien plus grave que le poumon ou le pancréas. Pour être honnête, c'est du même niveau que… le cancer du bras droit de Coluche ! »

Il se mit à rire de nouveau et enchaîna.

« Alors écoute-moi bien, parce que là, je n'ai pas trop de temps. Ta tumeur de l'omoplate gauche, c'est au pire un lipome, une petite boule de graisse. Une boule de graisse, ça ne doit pas t'étonner ? C'est cohérent ! »

Il se foutait de moi, mais sa dérision me rassura.

« Pardon de t'avoir dérangé si tôt…
— Non, ça va, ici il est 10 heures.
— Ah, merde, une heure de décalage : tu es en voyage, et je viens te prendre la tête. Excuse-moi… J'espère que je ne tombe pas mal.
— Non, tu ne tombes pas mal, je suis juste à Jérusalem, au pied du mur des Lamentations dans lequel je m'apprêtais à déposer un petit papier contenant des vœux sous forme de prière pour le bonheur de ceux que j'aime. Du coup, je vais peut-être ajouter un post-scriptum demandant à Dieu de te guérir de ton cancer de l'omoplate gauche. »

Le mur des Lamentations. Je me sentais honteux. Jean-Michel Cohen est du genre à ne s'adresser à Dieu qu'en cas d'extrême désespoir. Je sais des drames qui ont accompagné sa vie, et j'avais une idée assez précise de la supplique qu'il adressait au Créateur ce jour-là à Jérusalem.

Si j'ai décidé de commencer cette scène, en la dédramatisant – car elle fut beaucoup moins légère que je vous l'ai décrite –, c'est qu'elle me paraît définir le niveau d'affection de Jean-Michel Cohen à mon égard.

Dans le film *Spinal Tap*, un musicien de rock est fier de montrer que le bouton de volume de son ampli (habituellement gradué de 0 à 10) possède un niveau 11 tant le son qui sort du haut-parleur est puissant. Eh bien, de façon tout aussi stupide, je dirais que, si l'on codifiait l'amitié sur une échelle de 0 à 10 semblable à celle de Richter, il serait nécessaire de prévoir un onzième niveau pour étalonner la force du lien que l'aventure racontée dans ce livre a tissé entre Jean-Michel Cohen et moi.

Voici donc la classification sommaire de l'amitié selon l'échelle de Cohen.

Niveau 1 – Dès la première rencontre, empathie partagée. On pense : « Tiens, il (elle) est sympa. » Et on se quitte en disant à l'autre : « Il faudrait qu'on déjeune, un de ces jours. »

Niveau 2 – Au cours de ce premier déjeuner, on décide d'un projet commun à la con, du genre « Allez, dimanche prochain, on va courir à Bagatelle. »

Niveau 3 – Le dimanche, après le jogging, on prend le café chez l'autre. On fait la connaissance de ses enfants, et on crée une complicité immédiate avec ces derniers qui s'éveillent à peine, en s'extasiant devant leurs jouets. On s'exclame : « Oh, le Capitaine Flam ! » Si l'on parvient à chanter : *Capitaine Flam tu n'es pas / De notre galaxie / Mais du fond de la nuit / Capitaine Flam / D'aussi loin que l'infini / Tu descends jusqu'ici / Pour sauver tous les hooooommes…*, on obtient un statut d'icône auprès des enfants de l'autre, et l'on passe ainsi directement au niveau 5 de l'échelle de Cohen.

Niveau 4 – Même scène que pour le niveau précédent, à la différence que ce ne sont pas les enfants qui débarquent lors de votre retour de jogging, mais son épouse. Elle ne vous avait pas entendus rentrer et, comme vous l'avez surprise à sa sortie de la salle de bains, elle se pointe les seins à l'air en disant : « Oups, excusez-moi, je n'avais pas vu que vous étiez rentrés. Alors, vous avez bien couru, tous les deux ? » Au moment où l'on quitte le domicile de l'ami, sa femme vous demande : « On pourrait dîner un de ces soirs avec votre épouse ! Vous aimez le risotto ? »

Niveau 5 – Le dîner au Toscano. Les deux épouses sympathisent grâce au risotto au chorizo, et le lambrusco les fait éclater de rire quand elles racontent les petites manies de leurs hommes. En sortant du restaurant, énorme fou rire collectif à l'évocation du serveur qui, à chaque plat qu'il servait, vous souhaitait « Bonne continuation d'appétit ».

Niveau 6 – On rend un service chiant à l'ami, du genre passer un week-end à l'aider à déménager, ou intervenir auprès de son DRH pour obtenir un stage de troisième dans la boîte pour le copain d'un neveu de l'ami.

Niveau 7 – On occulte le désir que l'on éprouve pour le conjoint de l'autre. On n'écoute pas les diables qui murmurent à l'oreille : « Elle mérite mieux que lui », on renonce à dire : « Je vais avec toi » lorsqu'elle va chercher du vin dans la cave et, si par hasard on se retrouve seul avec elle dans la cuisine, on ne s'approche pas d'elle pour, après un long silence installant un climat de sensualité exacerbée, murmurer avec une voix de velours : « Tu es sûre que ça va, toi ?... »

Niveau 8 – On passe la nuit auprès de l'ami qui vient de perdre sa mère, on lui tient la main quand il finit par s'endormir, on le serre dans ses bras quand il sanglote, sans penser qu'il est en train de se moucher dans votre Versace à 2 000 euros.

Niveau 9 – On ment pour un ami. Sa femme qui vient de découvrir un SMS équivoque se jette dans vos bras en larmes pour vous dire qu'elle est persuadée qu'il a une liaison avec cette pute de la compta, et qu'elle est sûre qu'hier soir, à l'heure où il aurait dû être à la salle de sport, l'ami se trouvait avec elle. Vous la rassurez en lui disant: «Mais bien sûr qu'il était avec elle! Et d'ailleurs, j'étais avec eux au bureau où l'on aidait Lisa à récupérer les fichiers Excel de son ordi qui avait buggé.» Pour que le niveau 9 de l'amitié soit validé, il ne suffit pas de rassurer la femme de votre ami en mentant. Vous devez également ne pas profiter de son désarroi pour lui caresser le visage au prétexte de la calmer.

Niveau 10 – L'ami traverse une telle zone de turbulences dans sa vie qu'il éprouve le besoin de demander à un dieu de lui venir en aide. Il se rend à Jérusalem, écrit une supplique, et, à l'instant où il s'apprête à glisser sa prière dans le mur des Lamentations, il décroche son téléphone en voyant votre nom apparaître sur l'écran, et il prend le temps de vous rassurer.

Niveau 11 – Jean-Michel Cohen vous sauve la vie.

Oui, j'étais hypocondriaque. L'hypocondrie est définie sur le plan médical comme un syndrome de peur injustifiée d'une maladie. Mes peurs étaient toujours injustifiées. Un jour un cancer, un autre une sclérose en plaques, un autre encore un début d'Alzheimer. L'actualité était également pourvoyeuse d'angoisse, j'eus la certitude d'être atteint d'un cancer du foie dans la nuit suivant l'annonce du décès de Mort Shuman des suites de cette maladie.

Au fond de moi, je percevais le ridicule de ces paniques, et je ne m'adressais pas systématiquement à Jean-Michel.

Je diversifiais en prenant soin de ne pas faire appel plusieurs fois de suite au même médecin.

J'ai consulté tous les généralistes d'Argenteuil et des communes limitrophes, qui, ne me connaissant pas, me prescrivaient chaque fois des analyses, des radios, des scanners, ou d'autres examens fantaisistes qui, bien sûr, ne décelaient rien d'anormal. Alors, persuadé de leur incompétence, je prenais rendez-vous avec des spécialistes.

Je vis ainsi un pneumologue pour une fibrose pulmonaire non décelée à la radio. Des neurologues auxquels j'expliquai que le scanner normal ne prouvait pas que je n'avais pas de tumeur cérébrale me prescrivirent des électro-encéphalogrammes et des fonds d'œil. Je parvins à convaincre un cardiologue que mes artères étaient en train de se boucher avec une telle conviction que, pris de panique, il m'envoya en urgence passer un doppler... J'ai également effectué un électro-myogramme parce que j'étais certain de souffrir d'une maladie de Charcot, un holter électrocardiogramme sur vingt-quatre heures, une coloscopie, et même une recto-sigmoïdoscopie. J'eus enfin droit à un toucher rectal quand, après avoir lu un article sur les symptômes du cancer de la prostate, j'acquis la conviction que j'en souffrais, sous prétexte que je m'étais levé dans la nuit pour aller pisser. Je débarquai aux urgences de l'hôpital Louis-Mourier de Colombes, où l'interne de garde, après un examen sommaire me demanda :

« Vous êtes donc venu aux urgences pour une présomption de cancer de la prostate car vous vous êtes levé cette nuit pour uriner...

– C'est exactement ça, docteur, répondis-je sans me rendre compte qu'il se foutait de ma gueule. Vous pensez qu'il faut opérer, ou des rayons suffiront ?

– Je ne pense pas que ce soit grave. Mais, afin d'éliminer toute suspicion, je vais contrôler votre prostate. Bon, vous enlevez le slip, et vous montez sur la table d'examen dans la position du petit chien. »

Puis il quitta la pièce, et je restai ainsi cul nu à quatre pattes pendant un temps interminable. De temps à autre, des infirmières entraient dans la pièce, l'air affairé, prenaient des objets divers dans les tiroirs des armoires métalliques, et ressortaient en posant sur moi des regards amusés. Il me semblait entendre des rires étouffés dès qu'elles se retrouvaient dans le couloir, mais je n'y prêtais pas une grande attention, préoccupé que j'étais par ce cancer de la prostate dont je me demandais s'il était métastatique.

L'interne revint enfin, accompagné de deux filles hilares, et il me dit :

« Je vous présente Julie et Sandrine. Ce sont mes externes, et nous allons contrôler l'état de votre prostate. »

Je n'oublierai jamais le regard que cet enfoiré échangea avec les filles lorsqu'il lança : « Allez Julie, à toi de jouer ! » J'entendis dans mon dos le bruit du gant de caoutchouc qu'elle dépliait, et dont elle assouplit les doigts en les étirant et en les relâchant brusquement. Et, après un instant suspendu, la douleur, la douleur terrible de la pénétration de son index dans mon corps.

« Est-ce que vous la sentez ? demanda le médecin.

– Elle me semble petite, mais je ne suis pas sûre, répondit l'externe.

– On va vérifier ça. »

Alors, à son tour, il prit un gant... L'interne était adipeux et, tandis que son doigt qui ressemblait à un boudin blanc de Noël fouillait mon rectum, il lança un « Tout va bien, elle a l'air souple » d'un air rigolard aux deux filles, qui avaient du mal à contenir un fou rire.

Rien ne justifiait de telles angoisses. J'étais en bonne santé. J'avais juste un petit problème, mais qui, étrangement, ne générait chez moi aucune anxiété consciente : je pesais près de 250 kilos.

Bien entendu, même un étudiant en première année de psycho aurait compris que cette hypocondrie compulsive était la manifestation de l'angoisse générée par la chute inexorable vers la mort dans laquelle m'entraînait la boulimie.

Car c'était ça, ma maladie mortelle. La boulimie.

4

LE TOP 5

Getting Better

« Vous venez dîner à la maison ?
– Avec plaisir !
– Ah, au fait, il y aura Jean-Marc, ça ne te dérange pas ?
– Jean-Marc ?
– Oui, Morandini. C'est un ami. Vous n'êtes plus fâchés ?
– Euh, non, ça ne me dérange pas... »
Non, ça ne me dérangeait pas.
En conviant Jean-Marc Morandini à ce dîner, Jean-Michel Cohen voulait me montrer qu'il assumait ses amitiés.
La soirée commença bien. Les sondages radio qui venaient de tomber confirmaient la terrible et inexorable chute d'Europe 1. Jean-Marc Morandini me confia qu'il était partagé entre la jubilation malsaine de la vengeance à l'égard de cette station qui l'avait maltraité et sa souffrance

devant la débâcle de cette radio qu'il aimait tant. Cette passion sincère l'aveuglait au point qu'il me glissa cette phrase surréaliste: «Je reviens quand ils veulent.» Pour éviter de lui dire à quel point cette idée était utopique, je changeai de sujet et, désignant Jean-Michel, dont la chemise blanche devenue trop étroite laissait apparaître des ovales de chair entre chaque bouton. Je lui lançai:

«Dis donc, Jean-Michel, mais tu as grossi...

– Oui, ça m'emmerde, j'ai pris 4-5 kilos que je n'arrive pas à perdre.»

J'éclatai de rire. Le gag du nutritionniste qui n'arrive pas à perdre quelques kilos me faisait penser à cette scène du film *Manhattan*, dans laquelle Woody Allen conseille à Diane Keaton en pleine crise d'angoisse d'appeler son psy, et où elle lui répond: «Je ne peux pas, il est hospitalisé suite à une overdose.»

À un moment, Morandini me posa LA question que je lisais dans ses yeux depuis le début de la soirée.

«Mais tu as perdu combien de kilos, depuis *On ne peut pas plaire à tout le monde*?

– 125.

– 125 kilos?! Mais tu pesais combien, à l'époque?...»

Jean-Michel Cohen, qui s'apprêtait à glisser une mini-pizza dans sa bouche, suspendit son geste pour devancer une réponse que je n'osais pas donner.

«Il pesait un peu plus de 250 kilos. 251, si je me souviens bien.»

Morandini était interloqué. Et, pour souligner le côté ahurissant de ce chiffre, Jean-Michel balança cette phrase qui me crucifia:

«Eh oui, Guy. À l'époque, tu étais dans le Top 10, voire le Top 5.

– Le Top 5? Tu veux dire que...

– Oui, tu n'en avais pas conscience, mais tu faisais partie des hommes les plus gros de France... »

Un ascenseur tomba dans mes entrailles. Le Top 5 des obèses français! Je bafouillai:

« Oui, d'accord. 251 kilos, c'est peut-être le Top 5 en valeur absolue. Mais je mesure quand même 1,84 mètre! Et les types qui mesurent 1,70 mètre et qui pèsent 160 kilos sont sûrement plus en danger que moi.

– Faux! Ton indice de masse corporelle est de 76. Pour te donner une idée, entre 35 et 40, on considère que c'est de l'obésité sévère, et, au-delà de 40, elle est morbide. Pour un type d'1,70 mètre et de 160 kilos, comme tu dis, l'IMC est de 56. »

Le lecteur pardonnera cette succession de chiffres, qui signifie tout simplement que, pendant des années, j'ai fait partie des hommes les plus gros de ce pays, et que je n'en pris conscience pour la première fois que dix ans plus tard, au hasard d'une soirée avec Jean-Marc Morandini.

Ce soir-là, j'ai réalisé ce que j'avais été pendant ces années. Que les gens qui m'aimaient m'aimaient comme ils aimaient Mimi Mathy.

À ce propos, cette dernière – qui est une amie – m'invita un jour à déjeuner avec Marc-Olivier Fogiel dans le restaurant qu'elle avait ouvert avec son mari. Lorqu'elle vint s'asseoir à notre table, j'entendis les clients d'une table voisine s'amuser du duo que nous formions elle et moi, pendant tout le repas. « Regarde... Mimi Mathy et Carlier, c'est le Yin et le Yang! »

Paradoxalement, ces deux quintaux et demi me protégeaient. Jamais on n'osait m'attaquer sur ce point, alors que je balançais des vannes cruelles sur toutes les personnalités artistiques, sportives ou politiques. Si pendant toutes ces années où j'ai joué le rôle de « sniper » à la radio et à la télé personne ne m'a jamais traité de gros, c'est que j'étais trop gros pour cela. J'aurais pesé 130 kilos, j'aurais eu droit aux mêmes vannes que Carlos ou Demis Roussos, mais mon obésité était trop monstrueuse, trop dramatique pour qu'on la moque. Elle faisait peur. Ma tragédie constituait, en quelque sorte, un totem d'immunité. J'étais intouchable, je pouvais me permettre toutes les sorties politiquement incorrectes. De plus, je pratiquais l'autodérision, et cette cruauté que je m'infligeais m'autorisait la cruauté avec les autres.

Il y eut une seule exception. Dans une chronique consacrée à la Star'Ac, j'avais reproché aux producteurs de l'émission d'instrumentaliser le drame de Grégory Lemarchal de façon racoleuse. Bien évidemment, je ne mettais pas en cause Grégory. J'ai eu l'occasion d'échanger avec sa maman, et celle-ci a évidemment compris que, lorsque je disais que TF1 nous jouait *La Dame aux camélias*, je dénonçais l'exploitation marketing du drame de son enfant par les producteurs. L'un d'entre eux, fou de colère, balança dans la presse que ma place n'était pas à la radio mais dans une baraque de foire.

On notera que cette discrimination grossophobique, d'une violence et d'une vulgarité inouïes, mit au jour la tartufferie de ce producteur qui, d'ordinaire, est prompt à monter au créneau pour mettre en avant ses convictions antiracistes ou antihomophobes.

Pourtant, sur le coup, je vous jure que je me suis demandé : « Une baraque de foire ? Mais pourquoi dit-il cela ? »

Ma stupéfaction vous donne une idée du déni dans lequel j'étais.

5

LA RENCONTRE

Within You, Without You

À cette époque, j'étais le roi de la radio.
Laurent Ruquier, amusé par les messages déjantés que je laissais sur le télé-répondeur de la matinale d'Europe 1 animée par Jean-Luc Delarue pour faire marrer mon fils, m'avait demandé si je ne voulais faire la même chose sur France Inter, mais en étant payé. À quarante ans, j'abandonnais donc mon poste de cadre financier pour écrire des chroniques radiophoniques.

Je me souviens de ma première rencontre avec Delarue me demandant : « Mais vous êtes de quel réseau ?... » Ne comprenant pas ce qu'il voulait dire, je répondis bêtement : « Ben, je ne sais pas... D'Argenteuil ? »

C'était ma force. Je n'étais d'aucun réseau et je ne connaissais pas les codes des médias, je balançais sur tout le monde. Comme je le faisais depuis le lycée pour amuser mes potes. Et le public adora cette insolence.

Pendant une dizaine d'années, j'ai vécu une irrésistible ascension artistique, en même temps que ma courbe pondérale s'envolait vers les sommets. Putain, la belle vie ! Qu'est-ce que j'aurais pu être heureux... Qu'est-ce que j'aurais pu être heureux si je n'avais pas pesé 250 kilos.

Ma vie a basculé un jour à France Inter. J'avais cinquante-deux ans et je pesais donc deux quintaux et demi. Je me produisais devant un public constitué essentiellement de retraitées odieuses qui s'invectivaient dans la file d'attente – « Mais madame, j'étais là avant vous ! » (C'est fou, d'ailleurs, je ne sais pas si vous avez remarqué ces vieilles dames dont on pourrait penser qu'avec le temps elles ont fait un long chemin, sinon vers la qualité, au moins vers la sérénité, et qui, au soir de leur vie, en sont encore à créer une altercation parce qu'une autre vieille leur est passée devant dans la file d'attente d'une boulangerie ou d'une émission de radio. Quand on pense qu'il y a longtemps, très longtemps, une femme les a mises au monde en souffrant, que cette femme avait des rêves pour cette enfant, et là... après plus de soixante-dix putains d'années sur la terre, elles en sont à se cracher le venin de leurs misérables vies à la gueule en balançant : « Mais madame, j'étais là avant vous ! », avec cette morgue pincée de celle qui ne se laisse pas faire.)

J'ai déjà relaté ce qui va suivre, mais si je le fais de nouveau – et je m'en excuse auprès de mes fidèles –, ce n'est pas pour tirer à la ligne mais parce que l'anecdote est exemplaire de ce qu'était ma vie à cette époque. De cette schizophrénie entre les matins triomphaux à la radio et les après-midi de débâcle boulimique solitaire. Je vais vous la raconter en l'éclairant d'un jour nouveau, comme un chanteur reprend un tube avec un arrangement différent, qui permet de mieux le comprendre.

Ce jour-là, à France Inter, l'invité était M. Boutros Boutros-Ghali, ancien secrétaire général de l'ONU. Autour de lui, dans cette émission, Stéphane Bern – le meneur de jeu –, quelques chroniqueurs, et moi. Avec Stéphane, nous avions mis au point un numéro de clowns. Auguste pour moi, clown blanc pour lui. Je balançais les horreurs, il faisait semblant de s'offusquer. C'était le jeu.

Compte tenu de la personnalité de l'invité, l'émission ronronnait, respectueuse et protocolaire, quand, soudain, au moment où Boutros Boutros-Ghali évoquait ses goûts musicaux, Bern dans une fulgurance surréaliste dont il a le secret, lui demanda :

« Et Michèle Torr ?... Est-ce que vous aimez Michèle Torr, Boutros ?

– Euh, certainement, répondit le diplomate médusé en mentant effrontément, justement parce qu'il était diplomate.

– Ah bon ? insista Bern. Et vous connaissez la chanson *Emmène-moi danser ce soir* ?

– Euh... Je ne m'en souviens plus très bien, avironna Boutros Boutros-Ghali.

– Eh bien, cher Bou (comme l'autre l'avait mis à l'aise, Bern, qui avait commencé par l'appeler Votre Excellence, était peu à peu passé à Monsieur le secrétaire général, Monsieur Boutros Boutros-Ghali, Boutros, puis avait fini par l'affliger du diminutif ridicule Bou, qu'il pensait plus classieux en le précédant de "mon cher"). Eh bien, mon cher Bou, je vais vous rafraîchir la mémoire... »

Et, s'adressant à Richard Lornac, le pianiste de l'émission, il lui demanda :

« Richard, tu connais *Emmène-moi danser ce soir* ? »

Sans sourciller, le pianiste attaqua la mélodie. Oui, « attaquer » est le terme qui convient pour qualifier le style de Richard Lornac, dont on peut même dire qu'il bûcheronne du piano. Mais on reconnut néanmoins la mélodie d'*Emmène-moi danser ce soir*, et Stéphane Bern commença à chanter. Il chantait faux, pas en rythme, mais quand même, interpréter du Michèle Torr devant le secrétaire général de l'ONU était pour le moins audacieux.

À cet instant, j'ai ressenti le bref vertige qui annonce chez moi un moment de folie. Et me voilà soudain debout devant Boutros Boutros-Ghali, lui tendant la main en demandant : « Voulez-vous m'accorder cette danse ? »

Dans les yeux du secrétaire général de l'ONU, je vois passer une brève lueur de panique. Mais, très vite, son angoisse est remplacée par de l'amusement. Il s'imagine déjà dans un futur dîner d'ambassadeurs raconter qu'à Paris, lors d'une émission de radio, un type de 250 kilos l'a invité à danser un slow sur une musique de merde. Alors, le sourire aux lèvres, le voilà qui se lève, se serre contre moi en posant sa tête au creux de mon épaule, comme le faisaient les filles dans les boums de mon enfance pour montrer qu'elles étaient d'accord pour un baiser, et l'éclairagiste du studio braque un projecteur bleu sur ce couple d'autant plus surréaliste que la proéminence de mon ventre oblige Boutros à reculer son postérieur.

C'est bien simple : avec sa tête au creux de mon épaule et son cul en arrière, il ressemblait à une parenthèse de fin. Mais le public était en délire.

Il sentait bon, Boutros. Pas comme Charles Trenet, sur lequel je m'étais penché un jour qu'il me dédicaçait un bouquin... Boutros, rien à dire. Kenzo mais pas trop. La classe.

C'est alors que, tandis que nous dansions sous les acclamations, j'ai entendu, venu de je ne sais où, un rire aux harmoniques différents de ceux du public. Un rire glacial qui me terrifia d'autant plus qu'il continua à résonner dans ma tête après que les spectateurs ont cessé de rire. Je compris alors que c'était le diable, qui riait. Lorsqu'il cessa enfin, il me demanda : « Pour qui tu joues ? »

Pour personne. Je ne jouais pour personne. Je ne partageais rien. Pour partager, il faut aimer. Et je n'aimais personne. Surtout pas moi.

À cinquante-deux ans, j'étais juste un enfant perdu, abandonné, qui, après son triomphe quotidien, rentrait chez lui en début d'après-midi pour s'ensevelir sous des torrents de bouffe qui le rassuraient.

Le lendemain de la venue de Boutros Boutros-Ghali, Jean-Michel Cohen était l'invité du « Fou du roi ». Stéphane Bern, que la rencontre entre le nutritionniste le plus célèbre de France et l'obèse le plus populaire du pays amusait beaucoup, lança l'émission en disant :

« Aujourd'hui, je suis très inquiet, car nous risquons d'assister à la guerre des mondes, mesdames et messieurs. Je vous annonce un combat de titans ! À ma gauche, Guy Carlier, recordman de France de la surcharge pondérale. Et face à lui, Jean-Michel Cohen, tenant du titre de nutritionniste le plus médiatisé de France. »

Tout le monde éclata de rire. Pas moi. Je me sentais blessé d'être mis au même niveau qu'un « faiseur de régimes » qui écrivait des bouquins destinés à des lectrices de *Biba* désireuses de perdre quelques grammes avant l'été. Et lorsque Bern ajouta : « Alors, docteur, qu'est-ce que vous pouvez faire pour notre ami Guy ? », j'intervins brutalement et lançai à Cohen : « Rien. Surtout, ne faites rien pour moi ! » Puis, m'adressant à Bern : « Mais que voulez-vous que ce type fasse pour moi ? »

Et là, comme d'habitude, je fis rire le public en improvisant un sketch autodérisoire.

« Monsieur fait dans la minette qui a 3 kilos à perdre avant de se foutre en maillot de bain à La Grande-Motte au mois d'août. Alors que moi, j'ai une pensée émue pour la petite Rom que j'ai vue piquer ma valise juste avant le départ de mon TGV samedi dernier, et j'imagine sa déception lorsqu'elle va découvrir pour tout butin : deux pantalons taille 82, une djellaba à mes mesures, et des caleçons 8 XL. On va bien se foutre de sa gueule, quand elle va rentrer chez elle, au moment où chacun étale son butin devant l'aïeul assis à la table. Surtout qu'il vient de complimenter Alexandru, qui a déballé un sac Vuitton qu'il a piqué à la brasserie du Train Bleu, et en sort un téléphone portable, un stylo Montblanc et un briquet Cartier… "Bravo, Alexandru ! Bon, à toi, Constanza." Et l'autre pose ma valise sur la table. Le vieux : "Bon, une Lonchamp en bon état. C'est bien, Constanza. Voyons ce qu'elle contient…" La gamine ouvre la valise, et la famille effarée découvre mes fringues… Constanza éclate en sanglots, et fait une crise nerveuse. Le vieux sage a beau dire : "Bon, avec les caleçons de Carlier, vous me faites une housse de couette, et avec la djellaba, une toile de yourte qu'on envoie au cousin Andreï de Timisoara pour qu'il remplace le toit de la sienne qui est devenue poreuse"… » Comme d'habitude, je m'en sortais en faisant le con, mais je souffrais.

J'avais été blessé que Bern puisse mettre sur le même plan le drame de ma vie avec la légèreté d'un toubib pour minettes.

Pour moi, ce type sortait tout droit du film *La vérité si je mens*. Je lui imaginais une mère ressemblant à Marthe Villalonga dans *Un éléphant ça trompe énormément*, fière de son fils médecin et qui lui passe la main dans les cheveux en les ébouriffant comme s'il avait dix ans tout en disant à ses amies : « Ah, il m'a donné du souci, celui-ci ! Mais Dieu merci, j'ai été récompensée. Non seulement il est docteur, mais en plus, il passe à la télé... » Voilà ce que je pensais de lui. Je lisais dans les yeux de Jean-Michel Cohen cette satisfaction de l'enfant qui rapporte un bon carnet de notes à sa mère. Je l'imaginais aller déjeuner chez elle après l'émission. « Mange, mange, mon fils ! Tu étais bien très bien à la radio, chez ce M. Bern. Celui-là, qu'est-ce qu'il est cultivé ! Vas-y, mange, mange ! »

À la fin de l'émission, il s'approcha de moi et il me tendit sa carte de visite en me disant : « J'aimerais beaucoup vous aider. Même si vous n'avez pas le physique d'une lectrice de *Biba* qui veut épater ses copines à la plage. »

Je pris sa carte sans envisager un seul instant de le rappeler un jour. Mais, pendant les vacances qui suivirent, il se produisit un événement qui allait me faire changer d'avis.

Un jour, Pascale Clark m'invita dans son émission sur Canal qui s'intitulait « En aparté ». J'avais beaucoup d'affection pour cette femme, et il fallait que je l'aime pour accepter son émission dont le principe était le suivant : l'invité était filmé seul dans un appartement, allant d'un salon à un écran télé, puis à une chaîne hi-fi au gré des ordres que donnait Pascale en voix off. Autrement dit : pendant une heure, on ne voyait que moi déplaçant péniblement mes 250 kilos.

J'entrai dans le salon. Pascale s'était documentée et me proposa de m'asseoir sur le canapé, près d'une table basse où m'était servi un Americano. Puis elle me proposa d'aller dans la pièce d'à côté, car, connaissant ma passion pour le foot, elle voulait me faire commenter un extrait de match diffusé sur un grand écran. Et là, impossible de soulever mon gros cul du canapé! Heureusement, l'émission n'était pas en direct, et un technicien vint m'aider à me lever. Pour ne pas prendre de risque, je restai debout pendant le reste de l'émission.

Je recevais à l'époque énormément de courrier à France Inter. Je n'étais qu'une voix. Une voix dont le timbre séduisait les auditeurs, une voix qui laissait libre cours à l'imagination d'un physique identique... Avec cette émission de télé, pour la première fois, le public découvrait mon corps. Quelques jours plus tard, je reçus une lettre, une très longue lettre, écrite par une femme qui m'avait observé avec attention et qui, sous l'apparence d'un compte rendu clinique de mon physique, me faisait une déclaration d'amour. Pour la première fois, quelqu'un me regardait vraiment.

Je décidai de la rencontrer. Pour aller à l'essentiel, cette femme m'a aimé et m'a redonné une vie affective et sociale. J'ai loué un appartement à Paris, où nous vivions ensemble à temps partiel. J'ai vraiment pensé que cette histoire allait me permettre de me sauver. Mais, très vite, j'ai triché avec elle, lui assurant que je n'avais plus de crises de boulimie, et profitant du moindre moment de solitude pour manger.

L'été arriva, et nous le passâmes en partie dans ma maison en Bourgogne, près de Vézelay. À peine allait-elle se promener dans le village ou le bourg voisin que je me ruais sur la bouffe. Je lui ai menti sans cesse, lui faisant croire que j'étais en train de guérir alors qu'au contraire je ne cessais de grossir. Je ne me déplaçais guère et passais l'essentiel de mon temps à mon bureau, que je ne quittais que pour me ruer sur le frigo lors des absences de ma compagne.

Un jour, elle partit faire des courses au supermarché d'Avallon et, comme à mon habitude, je me précipitai dans la cuisine. Il n'y avait rien de satisfaisant pour l'ogre dans le réfrigérateur et, comme je savais qu'elle en avait pour deux heures au minimum, je me fis cuire des pâtes. Un paquet entier dans un énorme faitout. Je les égouttai, les mis dans un saladier, y versai une demi-bouteille d'huile d'olive, et partis m'installer à mon bureau pour ingérer ma proie. Mais au moment où je m'asseyais, comme une sorte de punition immanente, le fauteuil à roulettes céda sous mon poids, et je me retrouvai à terre, à côté du saladier cassé et des spaghettis éparpillés sur le sol et sur mon corps. Une jambe repliée sous mon poids, que j'étais incapable de bouger, m'interdisait de me relever. La douleur était terrible, mais dérisoire à côté de celle que m'infligea le regard de cette femme revenant des courses et me trouvant à terre, gisant parmi les spaghettis et l'huile.

Elle m'aida à me relever, nous effaçâmes les traces de l'infamie sans échanger un mot, et je téléphonai à Jean-Michel Cohen pour prendre rendez-vous.

Les quelques jours qui me séparaient de la date prévue pour cette rencontre furent suffisants pour me faire renoncer. Le lien, aussi ténu soit-il que quelques mots échangés avec Cohen lors de l'émission, avait tissé quelque chose entre nous et m'empêchait de lui révéler le monstre que j'étais.

Alors je pris rendez-vous avec son co-auteur, Patrick Serog, un homme moins chaleureux ou, en tout cas, qui ne laissait paraître aucune émotion. Lors de notre entretien, il s'appliqua à rester froid à l'écoute de mon récit, auquel il réagissait sur un mode clinique. Il conclut notre conversation en m'annonçant que le choix était simple : la mort à court terme, ou une hospitalisation – sans doute de longue durée – afin de traiter l'addiction, non pas dans un établissement de cure diététique traditionnel, mais à la clinique Montevideo dirigée par le Dr Lowenstein, le célèbre spécialiste de la lutte contre les addictions, clinique dans laquelle Jean-Michel Cohen dirigeait le service des troubles du comportement alimentaire.

Cohen, encore Cohen! Je fis part à Serog de mon peu d'enthousiasme à l'idée d'envisager cet homme comme mon sauveur.

Je me souviens lui avoir dit: «Hier, je suis allé au marché aux puces avec des amis, déjeuner chez Louisette. Vous imaginez bien que ce n'était pas pour acheter des fringues, car aucune des boutiques alignées le long du boulevard Michelet ne vend un vêtement dépassant la taille 42. Devant chaque magasin, des rabatteurs qui ressemblent à Dany Brillant interpellent les passants. Ces types sont fascinants par la rapidité avec laquelle, au premier regard, ils devinent ce qui pourrait intéresser le client potentiel. En allant au restaurant, malgré mes 250 kilos, les Dany Brillant de la fripe n'ont cessé de m'interpeller en me disant: "Eh, *brother*, j'ai ta taille en jean Import US!" Je savais que ce n'était pas crédible, mais je finis par céder à un gars qui ressemblait encore plus à Dany Brillant que les autres et qui me dit: "Je reçois des jeans slim direct de Miami. Ils sont tous gros, là-bas." J'imaginais je ne sais quel pantalon de rappeur obèse, et je finis par le suivre dans son magasin. Il fouilla dans des cartons, faisant semblant de chercher, et finit par me ressortir un Rica Lewis taille 46. "Une semaine de régime, et il t'ira comme un gant..."»

Serog esquissa un sourire, ce qui, chez cet homme austère, équivalait au rire en cascade d'Henri Salvador. Je lui dis: «Jean-Michel Cohen me fait penser à ces types-là. Il sait pertinemment qu'il ne peut rien pour moi, mais il a juste envie de m'avoir comme client.» Serog me répondit: «Ne vous fiez pas aux apparences. Contrairement à ce que vous pensez, je suis sûr qu'il a en magasin ce qui vous convient. »

J'acceptai d'entrer à la clinique contre les addictions du Dr Lowenstein. Mais, avant cette clinique, il y eut d'autres cliniques, d'autres médecins, et notamment celui qui m'affirma que ma boulimie morbide était due à un manque de reconnaissance...

6

LA RECONNAISSANCE

Being for the Benefit of Mr Kite

Je suis venu tard au show-business. Dans une vie antérieure, j'étais directeur financier. J'avais eu de la chance. Des études suivies en touriste auraient dû me mener droit à l'enfer d'une vie d'openspace, avec au mur la photo des enfants et les cartes postales de collègues en vacances à Sanary. Avec les tickets-restaurant et le débrief du barbecue du week-end le lundi matin à la machine à café. Avec des histoires de comité d'entreprise, avec des « T'as vu la note de service de Berthier au sujet des remboursements de taxi ? » et des regards fugaces sur des jambes croisées de secrétaires lors de réunions inutiles. Mais j'avais été tellement bouleversé par la mélancolie des comptables à chacun de mes stages en entreprise que j'étais prêt à tout pour ne pas vivre cette vie-là.

Alors, de la même façon que de jeunes actrices qui ont pris quelques cours de comédie michetonnent et sucent de gros producteurs pour s'en sortir, j'ai fait l'effort d'obtenir quelques diplômes sans noblesse, et j'ai séduit des P.-D.G. en leur faisant croire que j'aimais leur monde. J'ai exercé les fonctions de contrôleur de gestion et de directeur financier pendant une dizaine d'années. Je voyageais, je glandais, je participais à des réunions dans des salles aux grandes baies vitrées à Santa Barbara, Abidjan, Riyad, Marbella, Manille ou Salt Lake City, dans lesquelles je faisais de brillantes démonstrations de ma compétence en matière de gestion ponctuées par des comptes d'exploitation dessinés rapidement sur des paper boards, dont je soulignais nerveusement de plusieurs traits certains chiffres essentiels, comme la marge brute, le pourcentage de frais fixes qu'il fallait réduire et, bien entendu, le dernier d'entre eux : le résultat d'exploitation, qui apparaissait en bas du tableau, que j'entourais de plusieurs cercles.

Mon boulot consistait à établir des comptes d'exploitation prévisionnels en fonction d'objectifs inaccessibles. Mes prévisions budgétaires décidaient du sort de milliers de salariés. Après avoir rapidement tiré les conclusions de mes chiffres – à savoir : on ferme, ou on réduit les effectifs, ou on augmente les objectifs de vente –, nous allions bouffer dans quelque Hilton local.

J'ai travaillé pour deux grosses pointures de la haute magouille internationale : un milliardaire saoudien, marchand d'armes à ses heures, dont j'assurais la direction financière d'une société d'architecture et de décoration, et le père d'un « intellectuel » français, qui déforesta et spolia l'Afrique occidentale, et dont les montages financiers devraient servir de Maître étalon à la « réussite fiscale ». Cette formule est de lui. Il me l'a sortie dans un avion au retour d'une réunion, et je me souviens du moment précis où il posa son bras sur le mien, à la façon mitterrandienne, et me glissa à l'oreille : « Vous savez, finalement, ma réussite est essentiellement fiscale... »

Je sais, j'en dis trop ou pas assez. Mais, d'une part, ce n'est pas l'objet de ce livre. Et d'autre part, ça m'arrange que ce ne soit pas l'objet de ce livre, car je manque sans doute de courage. Mais je vous promets qu'un jour, avant de mourir, je vous raconterai des histoires à côté desquelles celle de Madoff ressemble à une bluette.

Dans cette vie antérieure, je livrais un combat perdu d'avance contre la boulimie depuis l'âge de vingt-cinq ans. Non, c'est faux, je m'apprêtais à vous mentir. J'ai commencé à porter un excédent pondéral visible à cet âge-là, mais j'étais boulimique depuis l'enfance.

Depuis le jour où ma mère m'a abandonné.

La phrase est impressionnante. D'autant que ma mère m'aimait, et qu'elle ne m'a pas abandonné à la Dickens, en déposant mon berceau à la porte d'un couvent dans la brume d'une nuit d'hiver. Pourtant, la scène que je vais vous décrire, qui se déroula l'année de mes cinq ans, a scellé dans mon cœur un désarroi, une peur viscérale de l'abandon et une solitude qui m'ont accompagné tout au long de mon existence. Je tremble encore à l'idée qu'on m'abandonne, et j'en tremble tellement que j'en pleure en l'écrivant.

Ma grand-mère, Juana Ségura, était venue de son Andalousie natale dans les années 1930. Veuve très jeune, elle se remaria avec un héros de la guerre d'Espagne. Il avait, pendant les combats de Gérone, reçu dans la jambe un éclat de grenade, qui trôna par la suite sur le buffet du salon de mes grands-parents, entre une cruche andalouse décorée d'un couple dansant le flamenco et la photo de communiante de ma mère, Carmen, qui débarqua à Argenteuil avec ses parents à l'âge de quatre ans.

Autrement dit, Carmen a grandi dans une double culture, entre une éducation andalouse, vouvoyant sa mère, écrasée par le poids de la religion et la force du péché, et les codes de la banlieue. Elle était grande, belle, grande gueule – et n'hésitait pas à faire le coup de poing avec les mecs pour protéger sa petite sœur. Adolescente pendant la guerre, elle aidait au marché d'Argenteuil pour rapporter à la maison de quoi améliorer l'ordinaire rationné.

Un jour, peu de temps après la Libération, un type portant le brassard des FFI s'approche de l'étal où elle vendait des tissus et se met à chanter :

Je suis seul ce soir
avec mes rêves,
je suis seul ce soir
sans ton amour,
le jour tombe, ma joie s'achève,
et tout se brise dans mon cœur lourd.

Il s'appelait Lucien Carlier. Ma mère tomba amoureuse de ce héros. Elle l'épousa avant de s'apercevoir qu'il n'en n'était pas un. C'était un être totalement immature, il lui mentait sans cesse, inventant des journées de travail dans des entreprises d'où il s'était fait virer des semaines auparavant, et quittait la maison pendant plusieurs jours, sans donner le moindre signe de vie. À chacune de ses disparitions, Carmen se rendait au commissariat pour déclarer ses « abandons de domicile ». Cette dernière expression n'est pas anecdotique, gardez-la en mémoire, car vous comprendrez un peu plus loin qu'elle est la clé de l'une des plus fortes émotions de ce livre (qui n'en manque pas).

Ma mère divorça peu après ma naissance et commença à m'élever seule. Après sa journée d'employée de bureau, elle venait me chercher chez ma grand-mère à Argenteuil, m'installait sur le siège enfant à l'arrière de son vélo, et nous partions pour Colombes, où nous vivions dans un petit mais chaleureux studio.

Même si à cette époque je ne présentais pas d'excédent pondéral, je m'en voulais des efforts que je l'obligeais à fournir pour grimper la côte de Colombes, et du soulagement lorsque, enfin arrivés en haut, nous finissions en roue libre dans la légère descente qui nous menait dans notre minuscule refuge composé d'une pièce et d'une cuisine, si petite qu'à chaque repas ma mère dépliait la table à repasser pour y dresser le couvert.

Après dîner, elle me couchait dans le grand et unique lit, et s'en allait travailler au Cadran, la boîte de nuit toute proche, dans laquelle se produisaient les vedettes exotiques en vogue à cette époque : Dario Moreno, Los Machucambos, Gloria Lasso, etc.

Elle rentrait très tard dans la nuit. Le bruit de sa clé qui tournait dans la serrure de la porte d'entrée chassait la peur qui me taraudait depuis son départ et m'empêchait de dormir. J'attendais, le cœur battant, qu'elle se glisse dans le lit pour ressentir la sensation douce et rassurante de son corps se blottissant contre moi. Alors je m'endormais, apaisé. Le matin, elle me réveillait en fredonnant les chansons à l'exotisme de pacotille qu'elle avait entendues au Cadran pendant la nuit. Elle donnait toujours l'apparence de la gaieté, mais les enfants savent percevoir les désarrois de leur mère, même quand, après avoir versé le lait sur les céréales de leur fils, elles chantent en le désignant du doigt : *Si tu vas à Rio, n'oublie pas de monter là-haut!*

De nouveau, elle m'installait sur le siège à l'arrière du vélo et me déposait à la maternelle en allant travailler. Ma grand-mère venait me chercher pour déjeuner. J'attendais avec impatience cette parenthèse de calme et de bienveillance, et son rituel immuable. Tandis qu'elle préparait le déjeuner, je jouais avec mes voitures miniatures sur le sol de la cuisine. Le bruit de cuisson de la côte de porc, mixé avec le son de la radio et l'odeur du beurre qui fondait dans la poêle tandis que j'inventais des autoroutes pour mes Dinky Toys sur les carreaux du sol de la cuisine, constituaient une alchimie du bonheur. Avec un étonnant synchronisme, le déjeuner était prêt au moment précis où Radio Luxembourg diffusait les bruits de pas sur un trottoir du générique de « L'Homme des vœux Bartissol ». Ma grand-mère me tendait une assiette contenant la côte de porc et une pelletée de purée, où je m'empressais de former un volcan dans lequel elle versait le beurre de cuisson de la poêle.

Nous déjeunions en silence, absorbés par les aventures de l'homme des vœux, qui se baladait sur les marchés de province et posait des questions surréalistes à des ménagères qui finissaient par lui demander : « Vous ne seriez pas l'homme des vœux, par hasard ? » Cette phrase magique leur faisait gagner une bouteille de Bartissol, mais ce n'était qu'une étape dans le suspense du jeu et, à cet instant, la France entière cessait de déjeuner en attendant de savoir si la dame conservait les capsules de bouteilles du précieux nectar dans son porte-monnaie, comme le faisaient ma grand-mère et toutes ses copines – ce qui leur permettrait de gagner cent francs par capsule au cas où elles rencontreraient l'homme des vœux Bartissol...

Ensuite venait l'heure de « La Chose », une émission de Jacques Antoine, ancêtre radiophonique du jeu télévisé

« Le Schmilblick » rendu célèbre par Coluche. Il s'agissait tout simplement de trouver le nom d'un objet. Chaque candidat posait une question et, en cas de réponse positive, l'animateur lui demandait : « À quoi pensez-vous ? » Le type donnait sa réponse : c'était généralement un objet très sophistiqué, du genre adaptateur de valve de compression d'un moteur électro-hydraulique.

Si je cite cette émission, c'est qu'elle constitua ma première perception de la connerie. Certains candidats n'avaient aucune idée de la Chose et participaient au jeu pour « passer à la radio ». Ils posaient une question sans intérêt, du genre : « Peut-on trouver la chose en hiver ? » Je devinais l'exaspération du meneur de jeu qui répondait : « Pff... Oui, monsieur ! Évidemment qu'on la trouve en hiver. Je peux même vous dire qu'elle existe aussi au printemps, en été et en automne. Voilà, comme ça, ça nous évitera ce genre de question à l'avenir. Donc, à quoi pensez-vous, monsieur ? » Et là, le type répondait avec la solennité crétine du héros altruiste : « À rien, c'était juste pour faire avancer la chose... » Du haut de mes cinq ans, je comprenais que le type ne faisait rien avancer du tout. Qu'il avait juste envie de se la péter devant ses proches. Je devinais son besoin de compenser ses frustrations, sa petite bite, la vaine attente d'une augmentation ou d'une promotion professionnelle, les humiliations de son chef de service, l'indifférence de ses mômes. Et je découvrais la connerie humaine dans toute sa splendeur.

Le jeudi, comme l'école maternelle était fermée, je passais la journée entière chez mes grands-parents. Mais un jour, ma mère m'annonça que ces derniers ne pouvaient pas me garder, et que j'allais vivre un jeudi différent des autres, dans une garderie où j'allais rencontrer plein de nouveaux copains avec lesquels j'allais beaucoup m'amuser.

À son enthousiasme excessif, j'avais immédiatement compris que ma mère culpabilisait, et qu'elle essayait de donner le change pour me rassurer en surjouant une joie frelatée.

À la façon qu'elle avait de me tenir la main en la serrant plus fort que d'habitude, j'ai su qu'elle allait m'abandonner. Je m'accrochai désespérément à cette main comme un naufragé à son radeau lorsque nous entrâmes dans la cour de cette garderie qui avait accepté de m'accueillir pour la journée bien que je n'aie pas encore six ans, l'âge requis pour y être admis.

Dans la cour, je ne voyais que des « grands », bruyants et violents. J'étais terrifié, et ma mère eut un mal fou à décrocher ma main de la sienne pour la donner à cette monitrice qui la rassura en lui promettant de s'occuper de moi. Mais dès que ma mère fut partie, la monitrice entama une conversation avec une collègue avec laquelle elle avait une divergence de vue sur l'esthétique de la nouvelle « robe sac » de Dior, et, passionnée par ce débat, elle lâcha ma main.

Pris de panique, j'enlaçai ses hanches en plaquant mon visage contre son ventre. Elle me décrocha comme elle l'aurait fait d'une méduse, et me lança : « Va jouer avec les autres, mon petit ! » Et elle s'éloigna, sans un regard, en reprenant sa conversation. Alors, comme je ne pouvais plus me serrer contre un être humain, je me plaquai contre un mur, je me collai les mains sur les oreilles pour ne pas entendre les cris stridents des autres, et je me mis à pleurer.

Je restai ainsi une éternité, à sangloter sous les quolibets des autres enfants qui, peu à peu, formèrent un demi-cercle moqueur autour de moi. Jusqu'au moment où une cloche annonça le déjeuner. Les autres se mirent à courir vers le réfectoire. Je ne bougeai pas et continuai à pleurer, les mains sur les oreilles. Quand il ne resta que moi dans la cour, toujours collé contre mon mur, la monitrice qui m'avait abandonné revint me chercher. Elle décolla avec douceur mes mains de mes oreilles, en prit une dans la sienne et me dit: «Viens, il est l'heure de manger.» Nous entrâmes dans un immense réfectoire, qui résonnait de l'écho des cris des enfants et qui empestait une odeur forte où se mêlaient les effluves de bouffe de cantine et de détergent javellisé. Terrorisé, je pleurai à nouveau. Cette fois-ci, sensible à mon désarroi, elle ne m'abandonna pas et me fit asseoir à ses côtés à la table des moniteurs.

Ce jour-là, le menu de la garderie était constitué de côte de porc-purée.

À cet instant, lorsque cette femme qui me rassurait, qui me protégeait de ceux qui me faisaient peur, me servit la nourriture que j'aimais, mon futur était en train de s'écrire.

Puis ma mère se remaria avec son chef de service. Elle n'avait plus besoin de travailler la nuit, et nous sommes revenus vivre dans la grande maison d'Argenteuil. Mes grands-parents au rez-de-chaussée, mes parents – enfin, ma mère et mon beau-père – au premier. Ma grand-mère n'avait pas oublié Lucien Carlier. Elle le considérait toujours comme un héros, car, selon sa culture andalouse, l'indépendance volage était dans la nature de l'homme, et la soumission dans celle de la femme, qui devait attendre son retour au foyer. Elle en voulait à ma mère d'avoir divorcé et détestait mon beau-père. La guerre était déclarée dans la maison d'Argenteuil, et j'en étais le butin.

Afin de me montrer qu'elle m'aimait davantage que mes parents, ma grand-mère me faisait manger à la sortie de l'école primaire, où elle venait me chercher. Je dis bien manger, pas goûter. C'est-à-dire qu'elle me préparait en guise de quatre-heures des saucisses-frites, des croque-monsieur et des pâtisseries andalouses, petits gâteaux sablés avec un trou au milieu qu'elle faisait avec un dé à coudre, alignés sur une plaque qu'elle mettait au four, et dont je n'ai pas oublié l'odeur lorsqu'elle la sortait pour moi. Elle me gavait au nom de l'amour.

Et le soir, lorsque mes parents rentraient à la maison et qu'ils me demandaient: «J'espère que tu n'as pas mangé en bas?», je mentais pour éviter les conflits entre les deux étages... Et je mangeais de nouveau. Chaque camp me nourrissait pour nourrir sa haine de l'autre.

La scène de la garderie et la guerre des bouffes entre les deux étages du pavillon d'Argenteuil sont les éléments fondateurs de ma boulimie.

Je suis né maigre, très maigre même, puisque prématuré à sept mois. J'étais l'enfant le plus léger né à cette époque à l'hôpital d'Argenteuil. Le médecin avait annoncé à ma mère que j'en garderais toute ma vie des séquelles. Alors, dès mes premiers jours, on a gavé le bébé que j'étais par peur du rachitisme. Enfant, je n'étais pas obèse. Je me souviens même qu'à l'école je me moquais des gros. Il y a toujours, dans chaque classe, un gros «de constitution». Le bon gros qui est né comme ça. C'est son statut, et même s'il souffre – car les enfants sont cruels –, il est souvent gai et débonnaire, et fait marrer les autres. Plus tard, il deviendra Carlos.

Malgré la suralimentation générée par la guerre entre mes grands-parents et mes parents, je n'étais pas gros. Probablement parce que je me dépensais énormément. Je courais sans cesse dans la cour d'école, dans la rue, dans les terrains vagues, sur les terrains de foot, et je parvenais sans doute à éliminer les excès alimentaires. Mais, dès la première année de fac où je cessai toute activité sportive, je pris une vingtaine de kilos. À partir de cette période, ma vie alterna entre séquences boulimiques et régimes draconiens. Je cessais de manger pendant deux jours, je perdais 3 kilos ; et j'en reprenais 5 la semaine suivante.

À l'âge de trente ans, à l'époque où j'étais directeur financier, je pesais donc 125 kilos. Je consultai alors un nutritionniste célèbre, le Dr A., qui préconisa trois axes de traitement et une recommandation de changement de vie qui, m'assura-t-il, allaient « régler définitivement ce problème ».

Pour rester mesuré dans mes propos, je dirais qu'on ne pouvait faire plus nul en matière thérapeutique, puisque deux de ses prescriptions faillirent me tuer, que la troisième était une vaste fumisterie, et que sa recommandation concernant mon changement de vie – qui devait faire disparaître les frustrations qui me rendaient boulimiques – me fit prendre 125 kilos. Ah, le con !

Il me prescrivit tout d'abord un médicament qui se nommait Isoméride, destiné à calmer mes pulsions boulimiques. Cette molécule assassine fut interdite quelques mois plus tard.

Ensuite, il préconisa une lipectomie, c'est-à-dire une opération de chirurgie plastique consistant à ôter le tablier de graisse abdominale pour, disait-il, « améliorer l'image que j'avais de mon corps, et provoquer un choc psychologique qui me donnerait la volonté de ne plus outre-manger ». Cette opération est bien plus lourde qu'il n'y paraît, car il ne s'agit pas d'enlever un peu de graisse superficielle : elle équivaut à l'ablation d'un membre. Par ailleurs, en cas de reprise de poids, le tableau esthétique est terrible : un nouveau tablier de graisse se forme et déborde de chaque côté de la cicatrice.

Le type qui m'a opéré était une caricature de chirurgien, qui vint me voir en salle de réveil pour me dire :

« Bon, tout va bien ! Si vous pouviez établir le chèque du montant convenu pour mon dépassement d'honoraires, car je pars passer le week-end à Deauville. Je vous ai posé un drain pour évacuer la lymphe, je pense que lundi, à mon retour, plus rien ne coulera. Et vous pourrez sortir. »

Le lundi, lorsqu'il revint de Deauville, je continuais de remplir des bocaux de liquide rosâtre. Il cacha sa déception et me lança sur un ton optimiste : « Normalement, demain, ça ne devrait plus couler. » Le lendemain, ça coulait toujours. Il arracha le drain en disant : « Je vous enlève ça, vous pouvez sortir, tout ça va se tasser en quelques jours. »

Effectivement, ça s'est tellement tassé que, dès ma sortie, je sentis la cicatrice qui allait d'une hanche à l'autre gonfler peu à peu, et, quelques jours plus tard, elle explosa littéralement en pleine rue. Et j'ai vu, tétanisé, des litres de liquide sortir de mon corps, tremper mon pantalon, et dessiner une mare à mes pieds.

J'ai croisé le regard terrorisé d'une dame qui promenait son chien, et j'ai juste eu le temps de lui dire : « Je suis mort » avant de perdre connaissance. Je me suis réveillé en entendant au loin une voix essoufflée qui m'appelait... « Monsieur, monsieur, vous m'entendez ? » C'était un pompier qui courait à côté du brancard sur lequel on m'avait allongé et que portaient d'autres pompiers, qui couraient également en entrant dans l'hôpital où l'on m'emmena directement au bloc. On versa des litres de désinfectant sur la cicatrice ouverte, le chirurgien de garde nettoya soigneusement la cicatrice, et, alors qu'il venait de demander aux infirmières de faire le pansement, il arrêta soudain leur geste en disant : « Attendez, il me semble avoir vu... » Il saisit une pince et, délicatement, sortit de la plaie une compresse que le dépasseur d'honoraires qui partait en week-end à Deauville avait oubliée dans mon ventre.

La troisième préconisation du Dr A. consistait à me faire suivre une cure dans une clinique diététique afin de me sevrer. Outre le côté fellinien de ce genre d'établissement – que je développerai longuement dans un chapitre suivant –, l'effet de ce genre de cure est généralement nul, car le corps, qui mémorise la restriction pendant l'hospitalisation, stocke davantage les graisses dès que l'on reprend une alimentation normale, provoquant immanquablement l'effet de yo-yo bien connu.

Mais, surtout, ce médecin qui était également psychanalyste m'expliqua que l'insatisfaction de ne pas exercer un métier passionnant me poussait à outre-manger pour calmer cette frustration. Un besoin de reconnaissance inassouvi provoquait les crises de boulimie et, si je parvenais à acquérir une forme de célébrité, de reconnaissance publique, je n'aurais plus besoin de compenser par la nourriture... C'est le « syndrome des rêves d'enfant », précisa-t-il.

Alors, je n'ai eu de cesse de réaliser tous mes rêves d'enfant, pour être reconnu. J'ai écrit une première chanson qui a été un tube[1], mais j'ai pris 20 kilos au fur et à mesure que le disque grimpait en tête des hit-parades. Cette chanson a été élue chanson de l'année, ce qui m'a permis de signer un contrat avec un éditeur, et d'écrire pour Demis Roussos, Bécaud, Phil Barney et d'autres. Et, surtout, j'ai réalisé cette

---

1. *Y a pas que les grands qui rêvent*, interprété par Melody en 1989.

promesse que j'avais faite à l'enfant que j'étais, d'écrire une chanson pour Johnny Hallyday. J'ai déjà raconté comment Johnny sauva mon enfance lorsque, à neuf ans, je tombai en arrêt devant la photo, sur une pochette de disque collée sur la vitrine du magasin Toutélec à Argenteuil, de ce type dont tous mes copains parlaient à la récré mais que je ne connaissais pas car j'étais en permanence privé de télé. Sur cette photo, Johnny en veste à paillettes était à genoux, à la façon des toreros qui font les fiers devant la porte du toril. Mes parents m'offrirent le disque à Noël, mon premier disque, au dos duquel je découvris le texte suivant : « Seize ans à lui tout seul, un tempérament d'enfer, un rythme fou, possédé par le démon du rock, tel est Johnny Hallyday. C'est un jeune qui compose de la musique jeune pour les jeunes. Américain de culture française (*sic*), il chante aussi bien en anglais qu'en français. » À neuf ans, à Argenteuil, dans les sixties, quand on lit ça, on se dit que Johnny est celui que l'on attendait. Ce fut le plus beau cadeau de Noël que j'aie jamais reçu. Je passais des heures à écouter ce disque, en relisant sans cesse le texte de la pochette, qui nous fait rire aujourd'hui mais qui touchait en plein cœur l'enfant malheureux que j'étais. Au point que Johnny devint mon seul confident, et que, parlant à cet homme agenouillé devant moi en veste à paillettes, je lui fis la promesse de lui écrire une chanson. Johnny a chanté cette chanson au Palais des sports en juin 2006. J'y suis allé un soir, et j'ai passé la soirée la plus bouleversante de ma vie.

Alors que l'on m'emmène vers le carré VIP, je tape dans les mains des spectateurs qui se tendent vers moi, à la façon des basketteurs US, tandis qu'ils me crient : « Merci pour la chanson ! » Il la chante en troisième. Il a enchaîné les deux premières du spectacle sans un mot entre les deux, et là, juste avant de chanter mes mots, il plaisante avec le public. Et puis soudain, il pose sa main à plat sur son bas-ventre tandis qu'il donne un coup de reins. N'importe qui d'autre serait ridicule en faisant ce geste, mais c'est Johnny, les filles hurlent. Il sourit – putain, le sourire de Johnny ! –, boit quelques gorgées d'eau et balance la bouteille au public. Et le voilà qui chante mes mots... Je suis en larmes. La chanson se termine. Il dit : « À vous maintenant ! » Et cinq mille personnes chantent mes paroles.

Puis j'ai fait de la radio avec succès et, au fur et à mesure que grandissait mon statut de vedette, mon poids s'élevait également, au rythme régulier d'un kilo par mois. J'ai commencé la radio en 1995 à 170 kilos ; dix ans plus tard, j'aurais dû frôler les 300 kilos si je n'étais allé en cure dans des cliniques diététiques bidon, qui me faisaient perdre 30 kilos, que je reprenais en une année.

J'ai fait de la radio comme Jean Yanne, qui me faisait hurler de rire le dimanche matin sur Europe. J'ai fait de la télé impertinente comme les types de la bande du « Petit Rapporteur » de Jacques Martin. J'ai écrit quatorze bouquins, dans l'espoir d'attirer l'attention de Frédéric Dard, dont j'aurais tellement aimé qu'il soit mon père. J'ai eu la chance de vivre de l'écriture, de ma voix à la radio, de mon image à la télé et de mon spectacle sur scène, c'est-à-dire de réaliser tous mes rêves.

Une vie de rêve. Oui, ça ressemblait à une vie de rêve.

J'étais à l'antenne sur France Inter deux fois par jour – d'abord pour la chronique matinale dans la tranche d'info, et ensuite dans l'émission de Bern pour d'interminables délires.

Après chaque émission, j'allais déjeuner avec l'équipe au Zebra Square, un établissement luxueux situé à côté de la Maison de la radio. On y riait beaucoup, et l'on faisait des blagues de potaches. Le restaurant se situant à l'angle de deux rues, le jeu consistait à garer une de nos voitures dans le virage, empêchant ainsi les bus de passer, et les forçant à s'arrêter et à klaxonner. Il s'agissait de battre le record de la durée de coups de klaxon. Quand le chauffeur, excédé, descendait du bus pour demander aux passants s'ils connaissaient le propriétaire de cette bagnole qui bloquait le passage, on bénéficiait d'un bonus d'une minute. Si des passagers quittaient le bus pour poursuivre leur chemin à pied, on avait droit à un bonus exceptionnel de dix minutes par passager. À chaque bus, on notait le temps écoulé entre le premier coup de klaxon et le moment où je sortais du restau en faisant semblant d'être paniqué, et, tandis que le chauffeur m'insultait, je répondais :

« Vous avez raison, mais je vous demande de m'excuser... Je viens de déposer au restaurant une vieille tante atteinte de la maladie de Charcot. Il ne lui reste que quelques semaines à vivre, c'est sa dernière sortie, et j'ai dû la porter jusqu'à sa place... »

Aussitôt, le chauffeur, bouleversé, regrettait son agressivité et se confondait en excuses. Il remontait dans son bus et demandait aux passagers de me pardonner en leur racontant l'histoire de la vieille tante malade.

La Sacem me versait des droits d'auteur considérables. Par ailleurs, comme l'époque n'était pas encore aux podcasts, un éditeur m'avait proposé de faire des recueils de mes chroniques, qui se vendaient très bien, au point que l'une de ces compilations intitulée *J'vous ai apporté mes radios* fut numéro un des ventes de livres – 120 000 exemplaires.

Au milieu des années 2000, tout s'emballa. J'étais devenu le chroniqueur vedette de France Inter, et la télé me faisait les yeux doux. Drucker, Denisot, Emmanuel Chain qui animait à l'époque un talk sur M6, Marc-Olivier Fogiel : tous me voulaient. Ils me conviaient à déjeuner pour tenter de me séduire, j'acceptais leurs invitations pour le plaisir de partager un moment avec les stars des médias, prenant un plaisir infini aux anecdotes qu'ils me racontaient sur leurs émissions, aux potins du métier, et aux indiscrétions sur les people.

Je me souviens en particulier d'un merveilleux déjeuner avec Michel Denisot, conforme à son image, avec une élégance et un humour plus britanniques que berrichons, qui me parla foot et ciné pendant tout le repas. À la fin de celui-ci, il me proposa de reconstituer à la télé le duo que nous formions avec Stéphane Bern à la radio. Je n'eus pas le courage de refuser sa proposition après un déjeuner si agréable. Je lui dis que j'allais réfléchir, mais je savais que je refuserais. J'avais refusé toutes les autres. Il me quitta en me disant qu'il partait au festival de Cannes, et qu'il m'appellerait pour que je lui donne ma réponse. Ce qu'il fit quelques jours plus tard et, devant mon refus, il me dit :

« Si c'est une question d'argent, je suis prêt à vous faire une proposition pharaonique. »

Il ne s'agissait évidemment pas de cela. Me montrer à la télé me semblait inconcevable. Tout simplement parce que personne ne connaissait mon physique, et je ne tenais pas, pour les raisons qui sont la raison de ce livre, à ce que le public découvre mon image.

Les auditeurs de France Inter avaient fait de moi leur chouchou sur la voix, sur le ton, sur l'humour, l'émotion, sur tout ce que je racontais, mais ils ignoraient à quoi je ressemblais à cette époque où la radio n'était pas filmée.

Ils se faisaient une idée d'un Guy Carlier insolent mais sensible, capable d'émotions, et fantasmaient sur un physique conforme à la voix de cette personnalité qui les séduisait. Je recevais des lettres d'admiratrices audacieuses qui m'expliquaient qu'elles se donnaient du plaisir en m'écoutant dans leur baignoire ou dans leur lit. Certaines ajoutaient des photos illustrant leur propos. Des photos généralement assez anxiogènes, car ces chairs blanchâtres dans les baignoires sous des éclairages de salle de bains faisaient davantage penser à des cadavres en cours d'autopsie qu'à des corps s'offrant à l'amour.

Marc-Olivier Fogiel fut le dernier à m'inviter à l'un de ces déjeuners d'embauche. Il était probablement celui auquel j'avais *a priori* le moins envie de dire oui. J'avais des préjugés sur l'homme en raison de la réputation de roquet arrogant qui lui collait à la peau. Pendant le repas, je l'écoutai sans passion lorsque, soudain, il entra dans mon âme avec cette phrase : « J'ai envie que votre chronique constitue pour les téléspectateurs un peu de dimanche en plus. »

Il venait de caresser des émotions enfouies au plus profond de mon enfance. Un peu de dimanche en plus, ce quart d'heure que je demandais à ma mère sur le film du dimanche soir avant le fatidique « Guy, au lit ! Demain y a école. » Le moment où l'on décide de passer un peu de dimanche en plus quand on se sent si bien avec les amis avec lesquels on a passé la journée, que l'on ne peut se résoudre à les laisser partir, et que l'« on va manger ce qu'il y a, vous partirez après dîner, y aura pas de bouchons »...

Marco me porta le coup de grâce en m'assénant : « Je veux que le lundi matin, dans les bureaux, les gens parlent de votre chronique à la machine à café. » Je me suis entendu lui répondre : « C'est d'accord. » Nous étions au mois de mai. Je me souviens avoir pensé : « J'ai quatre mois pour maigrir. Je pèse 230 kilos, si je perds 15 kilos par mois, je peux arriver à 170. C'est jouable. » J'ai pris 20 kilos supplémentaires pendant ces quatre mois. J'ai donc commencé « On ne peut pas plaire à tout le monde » en pesant 250 kilos.

Je ne connaissais rien à la télé. Je ne savais pas comment on fabriquait une émission, et je débarquai pour deux heures et demie de direct en *prime time* le dimanche soir. Je découvrais un monde.

Nous commencions à répéter le dimanche à 15 heures. Des stagiaires portaient au cou des pancartes avec le nom des invités. Ils faisaient office de doublures lumière à des techniciens coiffés de casques à micro qui tenaient à bout de bras de grandes plaques de polystyrène. D'autres techniciens recevaient dans leurs talkies-walkies des ordres de la régie qui semblaient venus d'un poste avancé de l'armée. Des assistantes pressées traversaient le studio en tenant des blocs sur lesquels elles notaient nerveusement les consignes de Marco. Ce dernier révisait ses fiches avec ce tic nerveux qui consiste à enrouler des mèches de cheveux autour de son index. Les programmatrices venaient l'interrompre pour l'informer du retard possible d'un invité, ou de demandes de ces derniers concernant l'heure de leur passage. Car cette heure était déterminante dans le cadre de leur promo : l'audience n'est évidemment pas la même à la fin de l'émission, à 1 h 30 du matin, qu'à son début à 21 heures. Marco devait les rappeler pour les rassurer.

Nous terminions le filage vers 18 h 30. Tout le monde allait dîner, puis, après le maquillage, Marco venait me chercher dans ma loge. Nous regardions ensemble le journal de Claire Chazal, à la fin duquel il me disait : « On y va, mon Guy ! » Plus nous approchions du plateau, plus nous entendions les cris de la foule remontée par Lydie, la chauffeuse de salle. Dès la première émission, avant d'entrer dans l'arène, Marco me serra contre lui en disant : « Que la force soit avec nous ! » Cela devint notre rituel. Deux ans. Deux années de stress et de bonheur.

Je jouais le rôle du méchant, du sniper, conforme à mon physique. Mais étrangement, lorsque je me retrouvais en public, les gens étaient heureux de me rencontrer, ils me disaient à quel point ils m'aimaient, sans doute impressionnés de me voir « en vrai », en oubliant que le dimanche précédent, lorsque j'apparaissais sur l'écran de leur télé, ils s'écriaient : « Lucille, viens voir le mec comme il est gros ! C'est dingue ! »

Personne n'osait m'attaquer sur le poids de peur d'être politiquement incorrect. Mais, à la réflexion, mon statut à la télévision était bel et bien devenu celui que me souhaitait ce producteur de la Star'Ac : on m'exhibait comme un monstre de fête foraine, avec mon humour et mes insolences comme alibi.

Et puis un soir, Isabelle Huppert. Elle fait son entrée sur le plateau en descendant le grand escalier. Comme à l'accoutumée, nous nous levons avec Marco pour accueillir la star. Cette opération nécessitait de ma part un effort terrible et dangereux, car il me fallait glisser du tabouret haut sur lequel deux assistants m'avaient aidé à grimper avant l'émission, et après, surtout, remonter sans soutien. Huppert embrasse Marco, et je suis bien embêté. Je ne la connais pas et, comme j'imagine qu'elle n'a pas la moindre envie de m'embrasser, je m'apprête à lui serrer la main lorsqu'elle m'attire doucement vers elle et, tout en m'embrassant, me murmure à l'oreille : « Je vous en prie, ne soyez pas méchant avec moi, j'ai tellement peur de vous. » Je suis abasourdi. Comment aurais-je pu faire du mal à Isabelle Huppert ? J'ai juste le temps de lui répondre : « Ne craignez rien, vous n'êtes pas Élisabeth Tessier ! » qu'il me faut déjà penser à ré-escalader ce putain de tabouret...

Après l'émission, en rentrant chez moi au cœur de la nuit, je fis, comme à l'habitude, une halte sur la route, chez l'épicier où j'avais mes habitudes. Il regardait l'émission et savait que vers 1 h 30 du matin j'allais débarquer, lui mentir en expliquant avec force détails que j'avais convié toute l'équipe de l'émission à souper à la maison, et qu'il me fallait des chips, du tarama, des biscuits apéritifs, des gâteaux et des sodas bien sucrés. Même si je poussais la comédie jusqu'à lui demander de me donner le ticket de caisse pour soi-disant me faire rembourser, il n'était pas dupe, comme n'étaient pas dupes tous les commerçants chez qui me poussaient mes crises compulsives.

La scène avec Isabelle Huppert avait néanmoins constitué un déclic. Ce soir-là, j'ai compris que j'avais atteint l'objectif que m'avait fixé le Dr A. J'étais reconnu. Un gros Carlier, un énorme Carlier était reconnu. Mais la méchanceté était associée à l'image de l'obèse. Pour les invités comme pour le public, mon physique reflétait la laideur de mon âme. Ce qui faisait mon succès, c'était la peur qu'inspiraient mon corps et mes paroles. Plus le public aimait mes chroniques, plus je devenais une créature monstrueuse. J'étais reconnu, certes, mais j'étais devenu moi, gros et méchant.

L'erreur, la terrible erreur du Dr A. et des psys qui pensent comme lui, c'est de croire que la reconnaissance du public, celle dont tout le monde rêve, la reconnaissance warholienne, peut résoudre les problèmes de quelqu'un qui ne s'aime pas.

La preuve, c'est que, dans la clinique du Dr Lowenstein où les personnalités allaient soigner leurs addictions et dont je vais vous parler un peu plus loin, les toxicos, les alcooliques, les addicts au jeu ou au cul avaient un point commun : tous étaient reconnus, mais aucun ne s'aimait.

Il faut dire que la reconnaissance du public, si elle est flatteuse pour l'ego, n'est qu'une caresse superficielle qui ne soulage pas les douleurs profondes. Pourtant, la seule vraie marque de reconnaissance que j'ai reçue dans ma vie, c'est à la télé que je la dois. À une lettre, « différente » de la majorité de celles que je recevais comme toute personne « vue à la télé ». La télévision constitue la seule compagne des solitaires, qui lui donnent leurs sentiments les plus intimes, qu'ils soient négatifs, quand le téléspectateur développe une véritable haine pour un présentateur, nourrie par sa solitude et par ses frustrations, ou comme une passion amoureuse, tout aussi gênante.

Je suis convaincu que, même s'il s'en défend, Marc-Olivier Fogiel avait donné à Sarah, mon assistante, des consignes pour qu'elle « fasse le ménage » dans le courrier qui m'était adressé, de façon à m'épargner les lettres d'insultes faisant référence à mon poids – elles devaient être particulièrement nombreuses compte tenu du statut de gros méchant que je jouais à la télé. Quand je fis remarquer à Sarah que les enveloppes qui m'étaient destinées m'arrivaient décachetées, elle rétorqua sans conviction que, pour des raisons techniques, le courrier passait systématiquement dans une machine à ouvrir les enveloppes...

Je ne reçus pas de courrier de haine, mais je reçus néanmoins des lettres qui côtoyaient la folie pure. La plus surprenante était celle d'un homme dont l'écriture élégante et le vocabulaire soigné laissaient penser qu'il s'agissait d'une personne raffinée. Il me proposait un contrat dont les termes laissaient à penser que l'auteur possédait des connaissances juridiques. Voici ce que disait cette proposition surprenante.

« Cher Monsieur,

Amateur incompris de plaisirs raffinés, j'aimerais savoir s'il nous serait possible de conclure un contrat commercial classique, par lequel vous vous engageriez, contre une rémunération détaillée en annexe, à me faire parvenir régulièrement quelques centilitres de votre première urine matinale, recueillie dans un flacon de type bocal de verre à terrine, munie de son joint de caoutchouc en bon état afin de maintenir une parfaite étanchéité.

Afin de vous prouver le sérieux de ma démarche, sachez que je suis en relation commerciale avec de nombreuses personnalités du monde de la politique, du sport et des médias, qui se félicitent de nos relations commerciales dont vous trouverez ci-joint la liste non exhaustive... »

D'autres se préoccupaient de ma santé. Là aussi, on avait sans doute exfiltré les courriers relatifs au poids pour me laisser les lettres de téléspectateurs qui me prodiguaient des conseils ou voulaient me faire acheter un produit miracle. Exemple :

« Cher monsieur Carlier,

Téléspectateur assidu, j'ai noté, depuis deux semaines environ, d'inquiétantes marques de fatigue sur votre visage, fatigue que j'attribue à un transit intestinal probablement perturbé. Aussi me permets-je de joindre à la présente un échantillon de notre produit phare, le Digestor, élaboré par nos laboratoires à partir de plantes 100 % naturelles, et je suis sûr que, séduit par l'efficacité du Digestor, vous ne manquerez pas le recommander avec enthousiasme à M. Jean-Pierre Pernaut, dont le colon me semble paresseux. »

Et puis, les lettres de vieilles dames. Généralement gentilles, elles vous ont choisi pour remplacer leur mari décédé ou enfui avec une plus jeune, leurs enfants qui ne donnent pas de nouvelles, et leur chien qui vient de mourir. Car pour elles, le présentateur télé est un animal de compagnie. Et c'est à la fois risible, émouvant et gênant, lorsque l'on reçoit un courrier dans lequel une femme manifestement âgée vous écrit d'une écriture appliquée avec des pleins et des déliés :

« Cher Guy,

Oui, je me permets de vous appeler par votre prénom tant vous me semblez proche. Divorcée depuis quelques années d'un être malfaisant, j'ai remarqué qu'il existait entre nous de nombreux points communs. Je n'ai pas pour habitude d'écrire aux vedettes de la télévision, et je ne souffre d'aucun déséquilibre affectif comme mes amies le laissent entendre sous prétexte que je pratique l'abstinence sexuelle. Involontaire au départ, et due aux circonstances de la vie, puisque mon époux est décédé, cette pratique m'a ouvert des horizons insoupçonnés. La lecture, la randonnée, les mots fléchés de *Télé 7 jours*, que je garde en permanence sur ma table en merisier devant mon fauteuil de télé, là où je vous regarde régulièrement et où, peu à peu, j'ai compris que nous étions faits pour être amis. Je nous imagine tous deux échangeant des confidences tout en marchant sur les chemins de Saint-Jacques-de-Compostelle, dont j'ai commencé, il y a quelques années, à faire le pèlerinage en compagnie de mon chien Caramel. Malheureusement, ce dernier est décédé l'été dernier. Je l'aimais infiniment. Alors, aujourd'hui, je prends mon courage à deux mains et je vous pose la question, Guy : "Voulez-vous remplacer Caramel dans ma vie et devenir mon ami ?" »

J'ai beaucoup ri avec ces courriers surréalistes, mais, un jour, une lettre différente me fut remise par Sarah. Le cachet de la poste indiquait qu'elle avait été expédiée de Bastia...

« Monsieur,

Nous sommes dimanche, il est 23 h 18, et cela fait plus d'une heure que je vous regarde en compagnie de ma mère. Depuis le début de l'émission, quelque chose me troublait dans votre regard, que je n'arrivais pas à expliquer. Et puis, soudain, j'ai compris. J'ai demandé à ma mère : "Tu ne trouves pas que ce garçon a les yeux de Papa ?" Maman, qui est une femme corse qui ne parle pas pour ne rien dire, m'a juste répondu : "C'est normal, cet homme est ton frère."

J'imagine que vous recevez des lettres étranges ou écrites par des gens ne possédant pas toutes leurs facultés mentales, mais j'ai questionné ma mère, et voici ce qu'elle m'a raconté.

Carmen, votre maman, était mariée à Lucien Carlier. Ce dernier était un mari volage et s'absentait régulièrement du domicile conjugal pendant plusieurs jours. Chaque fois, votre mère se rendait au commissariat de police, afin de déposer une main courante pour abandon de domicile. Chaque fois, elle était reçue par un jeune officier de police qui s'appelait Jérôme Albertini, qui consolait et rassurait votre maman au point qu'ils sont tous les deux tombés amoureux. Vous avez compris que cet homme était mon père. Il travaillait au commissariat de police d'Argenteuil mais attendait sa mutation pour la Corse, où il était déjà fiancé avec ma mère. À cette époque, il n'était pas concevable qu'il épouse une femme divorcée ; alors votre maman lui demanda de lui faire un enfant en gage de cet amour, et s'engagea à ne jamais intervenir dans sa vie. Mon père en parla à sa fiancée, qui rencontra votre maman qui lui confirma sa promesse de ne jamais chercher à revoir le père de l'enfant qu'ils allaient concevoir. Et cet enfant, c'est vous. Vous êtes mon frère. »

Pas une seconde je n'ai pensé que cette lettre signée « Annonciade » était l'œuvre d'une mythomane, même si jamais de sa vie, ma mère n'a évoqué cette histoire d'amour. La version officielle était que mon père, Lucien Carlier, l'avait quittée à ma naissance, et qu'elle avait vécu seule avec moi, jusqu'à sa rencontre, lorsque j'avais six ans, avec celui qui devint mon beau-père.

Par une pudeur d'autant plus injustifiée que j'étais le premier concerné par cette histoire, je retardais le moment de parler de cette lettre à ma mère. Mais, un soir de Nouvel An que je passais à l'hôtel Hermitage de La Baule avec une femme que je faisais semblant d'aimer – mais comment pouvais-je aimer tant il était inconcevable que l'on puisse m'aimer ? –, désinhibé par le champagne, j'appelai ma mère à minuit pour lui souhaiter la bonne année, et lui lançai, avant de raccrocher :

« Au fait, Maman... Tu connais Jérôme Albertini ? »

Silence interminable au bout du fil... Et ma mère, d'une voix étrange que je ne lui connaissais pas, peut-être parce que c'était la première fois que je la sentais sincère, finit par répondre :

« C'est quelqu'un que j'ai beaucoup aimé. »

Moi : « Mais c'est mon père ?... »

Et là, prise de panique d'avoir cédé à cet abandon, elle bredouilla : « Mais non ! Tu sais bien que tu es mon fils, tout le monde dit que tu me ressembles. »

La phrase était évidemment stupide, mais elle avait balancé les mots comme ils venaient, comme une bouée à la mer.

« Mais pourquoi ne m'as-tu jamais rien dit ? Tu aurais pu mourir, et je n'aurais jamais su, tu te rends compte ?

– Mais, à l'époque, on était une putain si on avait un enfant avec un autre que son mari ! Même si celui-ci était le dernier des salauds.

– Mais Maman, tu te rends compte que c'est ta plus belle histoire d'amour ?

– ... »

Le silence. En n'osant pas reconnaître la beauté de son histoire d'amour, elle ne me reconnaissait pas.

En tout cas, depuis ce jour, j'ai une sœur corse. Nous n'avons pas eu besoin de test ADN pour avoir la certitude de notre fraternité. Merci à toi, Annonciade, de m'avoir reconnu.

7

L'ENFER

Fixing a Hole

L'enfer ne ressemble pas du tout à ce que le curé de la paroisse Notre-Dame-de-Lourdes à Argenteuil voulait nous faire croire. Il pensait nous terrifier en nous décrivant le diable, avec ses cornes sur la tête et sa queue fourchue, alors que l'enfer, le vrai, c'était sa queue à lui, qu'il faisait caresser par des enfants qu'il prenait sur ses genoux pendant les séances de ciné du patronage. Tous les enfants de ma génération qui ont fait leur communion dans cette paroisse se souviennent de ce salopard. Même si « branleur » est un mot plus adapté, il faut malgré tout être un bel enculé pour pourrir la vie d'un môme de dix ans qui regarde *Tom et Jerry*.

Mais la raison pour laquelle je ne croyais pas à l'enfer tenait à la notion de « tourment pour l'éternité ». À onze ans, j'avais déjà compris que les hommes possèdent la faculté de s'habituer aux pires situations en voyant le cul-de-jatte qui vendait des billets de loterie à la gare Saint-Lazare sur sa chaise à roulettes. Si l'enfer existe, se faire amputer des deux jambes dans une tranchée à Verdun doit beaucoup y ressembler, et pourtant, le type s'était habitué à vivre ainsi sur son fauteuil à roulettes, devenant même un personnage culte, célèbre pour ses « Aïe, mon cul ! » qui résonnaient dans la gare, lorsqu'il en descendait les escaliers, et que les cahots le faisaient tressauter sur son fauteuil roulant.

L'enfer.

Entre l'église et le presbytère de la paroisse Notre-Dame-de-Lourdes, à Argenteuil, un carré de mauvaises herbes faisait office de terrain de foot. Le curé avait décidé de jouer avec nous et, en ces temps lointains où la soutane était encore de mise, la première fois où on le vit arriver en short, son prestige sacerdotal en prit un sérieux coup. Le prêtre, qui avait anticipé nos moqueries, avait cru donner à ce short une dignité chrétienne en y faisant coudre un écusson rapporté de Lourdes, sur lequel on voyait Bernadette agenouillée devant la Vierge. En vain, car la force religieuse de l'écusson était balayée par nos fous rires à la vue des deux cannes maigrichonnes et blanchâtres du curé, qui flottaient dans son short de scout trop large.

La ligne de touche, côté presbytère, était délimitée par les souches des ormes que l'on avait coupés en raison de la maladie, sur lesquelles nous nous asseyions lors des mi-temps de nos matchs acharnés. Un jour que le curé, assis comme nous sur une souche, tendait une gourde d'orangeade en demandant à la cantonade qui en voulait, nous aperçûmes, émergeant de son short, un testicule grisâtre parsemé de poils déjà blancs. Par un hasard dont Dieu seul a le secret, l'écusson était placé de telle façon que Bernadette semblait touchée par la grâce de cette couille ridicule.

Ce jour-là, j'ai acquis la certitude que Dieu n'existait pas. Ce curé de la paroisse de Notre-Dame-de-Lourdes a réussi la double performance de me convaincre que, si Dieu n'existait pas, l'enfer, lui, existait bien sur terre. Et que j'avais raison de croire que l'homme pouvait s'habituer à vivre en enfer. Car ce fut mon cas pendant des années.

Lorsque j'ai rencontré Jean-Michel Cohen, je pesais... Je ne sais pas. Vraiment.

Je savais que je dépassais largement les 240. Chiffre empirique, car je ne pouvais plus me peser, même en posant chaque pied sur une balance, comme j'avais l'habitude de le faire, depuis le jour où j'étais monté sur deux balances de 120 kilos de capacité maxi chacune, et qu'elles avaient affiché « *error* ».

Pourtant, il n'y avait pas d'*error*. Juste un homme qui pesait plus de 240 kilos. Et en réalité, à la première pesée lors de mon hospitalisation à la clinique Montevideo, je pesais 251 kilos.

Au lieu d'afficher *error*, les balances en dépassement de capacité devraient afficher « *horror* » ou « enfer ».

L'enfer, ce sont aussi les ascenseurs qui sonnent avec le mot « surcharge » écrit en rouge qui clignote lorsque vous y pénétrez. C'est l'humiliation que provoquent les mots « Charge maximum : 3 personnes, soit 225 kilos » quand vous êtes une seule personne, et que vous pesez plus de 240 kilos.

D'un autre côté on ne peut pas en vouloir à MM. Roux et Combaluzier de ne pas prendre 245 kilos comme poids moyen. Vous imaginez la plaque de cuivre : « Maximum : 3 personnes, 735 kilos » ? Il devrait y avoir des tableaux de conversion dans les ascenseurs, qui annonceraient :

« Poids maximum : 3 personnes, ou 1 Carlier, ou 37 Mimi Mathy ». (Cela dit, 3 personnes 225 kilos, ça fait du 75 kilos en moyenne. Si vous enlevez les vêtements et les bagages, ça laisse à peine 70 kilos à poil par tête de pipe... Alors je voudrais dire à titre posthume à MM. Roux et Combaluzier que ce n'est pas parce qu'ils étaient taillés comme des ablettes qu'ils doivent pour toujours humilier les gens en surpoids.)

Quand je me trouvais par exemple dans le hall d'un lieu public devant une batterie de trois ascenseurs, que j'appuyais sur le bouton et que, soudain, ça sonnait et ça clignotait au-dessus d'une des trois portes, je me dirigeais vers elle ; et, au moment où elle s'ouvrait, je voyais le visage des gens dans l'ascenseur se décomposer en m'apercevant. Il arrivait même que certains poussent une sorte de cri de surprise apeuré, comme quand apparaît un monstre dans un dessin animé. Dans ces cas-là, je faisais semblant de ne pas avoir entendu, de ne pas voir la mère qui secouait le bras du môme pour le faire taire au moment où il disait : « Il est gros, le monsieur », et je faisais demi-tour en disant : « Je vais prendre l'ascenseur suivant. »

Un jour où je venais de renoncer à cinq ascenseurs consécutifs, la porte du sixième s'ouvre sur une jeune femme et une petite vieille. Instinctivement, elles regardent la plaque de cuivre apposée sur la paroi par MM. Roux et Combaluzier – celle qui indique 3 personnes 225 kilos. Et je les sens qui calculent. La petite vieille doit faire à peine cinquante, la jeune fille pareil... Il reste 125 kilos. Et là, je vois les lèvres de la vieille qui commencent à s'agiter, et je suis certain qu'elle récite un « Je vous salue, Marie ». À cette époque, même si j'entrais seul dans la cabine d'un ascenseur conçu pour trois personnes au maximum, il se mettait à sonner comme si j'attaquais la Banque de France.

Aujourd'hui, ça va mieux. Mais quand même. Je sens encore à mon entrée dans l'ascenseur une certaine angoisse. C'est comme si on se disait «bonne chance», et lorsqu'il se met en marche, on se donne une contenance en regardant les graffitis tagués sur les parois. Comme toujours, on y voit des dessins obscènes – c'est étrange cette insistance des hommes à dessiner d'énormes sexes en érection dès qu'ils se retrouvent seuls dans un lieu de passage comme un ascenseur, les toilettes de gare ou les tunnels sous les voies ferrées! Il y a là-dedans quelque chose d'animal, d'instinctif, de l'ordre du fauve qui marque son territoire. À côté des dessins obscènes, un autre tagueur, plus porté sur la politique que sur le sexe – quoique –, a écrit d'un feutre vengeur des phrases du genre «Macron pédé» – formule elliptique, mais qui reste à démontrer.

À cette époque, l'autodérision était mon seul moyen de survivre, le dernier garde-fou avant le suicide. Avec le recul, je me dis qu'il m'a fallu bien du courage pour faire le con.
Car si je n'étais pas mort, je vivais déjà en enfer.
L'enfer des boulimiques est un chemin de croix. Il comporte sept stations. À chacune d'elles, le boulimique tombe un peu plus bas dans la honte, pour finir crucifié par le regard des autres.

Première station: la dissimulation

«Quelqu'un sait où sont passés les gâteaux apéritifs et les Pépito des enfants?» La première fois où l'on entend cette phrase, on répond: «Ben… Je crois que c'est moi qui les ai mangés… En regardant le match…» Et, en lisant la surprise dans les yeux du proche qui a posé la question, on sait que l'on n'avouera plus jamais qu'on s'est levé en pleine nuit, et que l'on a mangé un pot de tarama avec les doigts en regardant un documentaire animalier. Et, comme on ne veut plus que ce genre de scène se reproduise, comme les oiseaux se cachent pour mourir, on se cachera pour se nourrir.

Deuxième station : le mensonge

En rentrant du boulot, le boulimique s'arrête dans une station-service et achète l'alimentaire de secours vendu dans la boutique au milieu des huiles et des sapins désodorisants : un paquet de Curly, des chips goût bacon et des gaufres industrielles, qu'il mange compulsivement dans l'aire de gonflage, en écoutant la radio ou en lisant ce qui lui tombe sous les yeux, par exemple la notice d'entretien du véhicule.

Car la diversion est essentielle. Le boulimique en crise a besoin d'une diversion médiocre agissant comme un balancier hypnotique, qui l'empêche de prendre conscience du désastre. À la télé, il regardera donc les documentaires sur le IIIe Reich, ou les émissions de M. de la Villardière, du genre « Vingt-quatre heures avec Police Secours », avec les flics qui coursent des délinquants dont on a flouté le visage, mais – manque de chance – le flouteur est moins rapide que la racaille, et il laisse bien au spectateur le temps de voir le visage d'un black ou d'un Maghrébin.

La lecture de magazines people ou sportifs périmés est également très prisée par les boulimiques en crise. Les mêmes vieux *Voici* ou *France Football* que ceux qu'on lit aux toilettes. Parce qu'un boulimique mange comme il chie.

Sur le parking de la station-service où il vient d'acheter des Pringles, il écoute « Les Grandes Gueules » sur RMC ;

à la rigueur France Info en boucle. Jamais de chansons d'amour, jamais de lecture de qualité, jamais quoi que ce soit qui puisse élever l'âme n'accompagnera une crise de boulimie.

Et puis la clandestinité implique évidemment le mensonge.

« C'est dingue ! Comment tu peux grossir en mangeant si peu ? » Cette phrase est probablement l'une de celles que les boulimiques entendent le plus souvent, car, bien évidemment, lorsqu'ils sont à table en public, ils ne sont *jamais* boulimiques. Alors, les autres échafaudent des hypothèses pathologiques. « Ça doit venir d'un dérèglement des glandes, tu devrais faire contrôler ta thyroïde. »

Le mensonge devient permanent. On ment sur l'alimentation, on ment sur l'emploi du temps – car il faut voler du temps aux autres pour manger en cachette –, on ment sur son poids, on ment au médecin, on ment même de façon pathétique aux commerçants chez lesquels on achète de quoi satisfaire une crise qui s'annonce.

Lorsqu'on débarque en pleine nuit chez l'épicier arabe que l'on sait ouvert, on se croit obligé d'inventer des amis qui ont débarqué à l'improviste pour justifier ces gâteaux apéritifs et ces pâtisseries achetés à minuit. L'épicier s'en fout, d'ailleurs ; il n'est pas dupe, et lui aussi joue la comédie en faisant semblant de croire. Il scanne la bouffe et hoche la tête en pilotage automatique tandis que le boulimique joue le type en colère.

« Merde, on prévient quand on débarque chez les gens à l'improviste ! Moi, je n'avais pas prévu ! Du coup, me voilà obligé d'acheter à manger pour six en pleine nuit... Bon, ça va ; ce sont des amis, alors je leur pardonne... »

Et l'épicier de ponctuer :
« Ah oui, ça, l'amitié, c'est sacré. »
Le seul ami du boulimique, c'est son ventre. C'est lui qui en pleine nuit lui demande de manger comme six et l'oblige à mentir.

Troisième station : la honte

La boulimie se pratique en solitaire, tout simplement parce qu'elle est associée à la honte. Personne ne doit voir manger le boulimique, pas même le boulimique lui-même.

Voilà pourquoi j'accompagnais mes crises d'une activité hypnotique qui occupait mon esprit de façon à ne surtout pas penser à ce que j'étais en train de faire. Je lisais ou je regardais la télé. Mais attention, je le rappelle : surtout pas une lecture intéressante ou poétique, surtout pas une émission de qualité ! Non, il fallait que j'occupe mon esprit avec de la merde mentale.

Honte encore. Comme tous ceux qui vivaient à cette époque, je me souviens de ce que je faisais au moment où j'ai appris la mort de Claude François. C'était un samedi. J'étais invité à une communion et, prétextant une envie de boire un verre d'eau, j'allai me cacher dans la cuisine pour finir compulsivement les restes de fraisiers que l'on avait apportés. Une radio était allumée, et j'ai entendu : « Claude François est mort. » À cet instant, un de mes beaux-frères entra inopinément dans la cuisine, et me vit enfourner en poussant du creux de la main une énorme part de fraisier affaissé. J'ai dit bêtement : « Claude François est mort », comme si le choc de cette nouvelle justifiait que je m'empiffre en cachette. Le type m'a regardé, atterré, et a balbutié : « On garde ça pour nous… » Je lui ai dit : « Merci. C'est tellement humiliant, la boulimie »… Et c'est là, alors que j'essayais de me justifier avec ma bouche de clown maquillée de chantilly et de fraise, qu'il m'a répondu : « Je ne parlais pas de ça, mais de la mort de Claude François... Ils sont tous en train de danser sur "Alexandrie Alexandra", ça va niquer l'ambiance ! »

L'enfer, c'est d'être surpris en pleine nuit dans une cuisine par son enfant qui a soif et qui, tout engourdi de sommeil, reste planté dans l'encoignure de la porte de la cuisine, tétanisé par la vision de son père à poil, assis sur un tabouret devant un frigo ouvert dont la lumière éclaire le corps obèse, déchiquetant le reste de son gâteau d'anniversaire, en arrachant des lambeaux, puis consommant dans une frénésie totale tout ce qui se trouve sur les étagères, jusqu'au reste d'un bocal de cornichons, pour terminer par manger la plaquette de beurre.

Quatrième station : le dégoût de soi

Le quatrième stade de l'obésité boulimique, c'est lorsqu'on abandonne le combat pour la dignité. Lorsqu'on se résigne à ne plus inspirer le moindre désir, et que l'on n'essaie même plus de sauver la face en portant des vêtements amples, ou l'on n'envisage même plus de suivre un régime. On ne dit même plus : « Je commence demain. » Ce moment effroyable où l'on rend les armes, où l'on se soumet à l'obésité, où l'on renonce à séduire et qu'on se fout de porter un tee-shirt devenu trop court laissant apparaître une bande de peau abdominale abominable. Au-delà de cette limite, notre ticket n'est plus valable. C'est l'abandon ultime.

Car si l'abandon est la mère de toutes les addictions, il arrive un jour où l'on s'abandonne soi-même à l'addiction. La boucle est bouclée. Ce jour-là, on n'existe plus. Ni pour les autres ni pour soi-même.

L'enfer, c'est le dégoût qu'inspire la boulimie. La déchéance des corps des obèses n'a rien de glamour. Il n'y a pas, chez les gros, le romantisme désespéré des junkies, cet esthétisme de l'abandon des corps sous l'effet de la drogue. Il n'y a pas non plus cette émotion que l'on ressent au désespoir de l'alcoolique. Le gros, lui, n'inspire que le dégoût.

L'enfer, c'est le dégoût de ce que je voyais dans la glace lorsque j'osais m'y regarder. L'enfer, c'étaient ces pans de graisse sur mes bras, mes cuisses, ce ventre qui cachait mon sexe. L'enfer, c'était de vivre en portant le poids de trois hommes en permanence.

Cinquième station : la solitude

L'enfer, c'est la solitude. Contrairement aux autres addictions dont la pratique est souvent collective, la boulimie est un acte solitaire. Jamais de témoin.

En public, je mangeais raisonnablement parce que, devant les autres, mes diables se terraient, immobiles et silencieux, au fond de mes entrailles. Alors, c'est Guy que je nourrissais. Puis, dès que je rentrais chez moi, tout seul, mes diables se déchaînaient avec des grognements sourds de chiens enragés. Arrivé chez moi, j'allais directement m'allonger, mes sacs plastique remplis des saloperies de la station-essence ou de l'épicerie à mes pieds, comme un clodo, pour m'ensevelir sous des torrents de bouffe pour me rassurer, pour me donner l'illusion d'être protégé, pour oublier l'abandon, pour remplir ce gouffre de douleur en moi. Je nourrissais mes diables qui finissaient par s'assoupir. Puis moi aussi je m'endormais, d'un mauvais sommeil, ce sommeil lourd zébré de cauchemars terrifiants que l'on fait lorsqu'on a trop mangé.

L'enfer, c'est le souvenir de la solitude dans tous les événements historiques. Je me souviens de la crise boulimique nocturne qui a accompagné les premiers pas de l'homme sur la Lune. Je me souviens du 11 Septembre, lorsqu'un ami m'a téléphoné en me disant : « Allume la télé, c'est la guerre ! » J'étais allongé sur mon lit, le matin même j'avais triomphé au « Fou du roi » et, comme chaque jour, en quittant l'émission, j'étais rentré me terrer avec mes sacs de bouffe chinoise que j'avais achetée en chemin. Allongé à la façon de Cléopâtre, je m'empiffrais de nems à la crevette tandis que le second avion s'encastrait dans les tours du World Trade Center.

J'ai au mur de ma maison, à la campagne, un « *hall of fame* » de selfies où j'apparais aux côtés des personnalités croisées dans les studios tout au long de ces années. Je peux vous réciter les boulimies qui suivirent chacun de ces moments de prestige. Je pense à la boulangerie de la place Saint-Ferdinand, près de l'Étoile, où j'ai acheté douze croissants que j'ai mangés dans la voiture juste après que Chirac, alors président, m'a dit dans un studio d'Inter : « Je ne manque aucune de vos chroniques. » C'était probablement faux, mais il n'y avait pas motif à manger aussitôt après une douzaine de croissants.

Sixième station : le mal

Dans le roman de Nikos Kazantzaki *Le Christ recrucifié*, un prêtre adoré par ses paroissiens, un homme au cœur empli d'amour, passe ses nuits à boire jusqu'à ce que l'ivresse le fasse s'effondrer au milieu de son église, où il reste ainsi, inconscient, jusqu'à ce que des moines qui viennent prier aux matines le réveillent et l'aident à regagner sa chambre. Chaque fois que l'un d'entre eux s'étonne et lui dit : « Mais vous êtes un homme si bon. Comment pouvez-vous succomber ainsi au mal chaque nuit ? », il répond : « La nuit, je nourris mes diables quand je suis seul ; ainsi, ils me laissent tranquille le jour quand je donne de l'amour aux autres. » Mes diables me laissaient tranquille le matin quand je donnais le meilleur de moi aux autres. Mais ils venaient réclamer leur dû lorsque je me retrouvais seul...

Il arrive un moment où l'on ne peut plus dissimuler sa folie boulimique. Alors on fait du mal aux autres. On leur fait du mal parce qu'on leur ment. On leur fait du mal parce qu'on les déçoit. On leur fait du mal parce qu'on leur en veut d'être témoins de sa déchéance. On leur fait du mal parce qu'ils nous gênent.

Comme tous les addicts, le boulimique rompt peu à peu tout lien affectif. Progressivement, il abandonne ou se fait abandonner par son conjoint, et puis, lorsqu'il ne peut plus donner le change à ses propres enfants, il finit par les abandonner également, et se retrouve seul.

Depuis des années, je vivais seul dans une partie de la maison d'Argenteuil. Je vivais seul, car il est impossible d'avoir une vie familiale lorsqu'on est boulimique. Je vivais seul parce que cette addiction engendre les mêmes déceptions chez ceux qui vous aiment que l'alcoolisme ou la toxicomanie. Le boulimique s'applique à détruire toute forme d'amour qu'on lui porte à force de mensonges permanents, de dissimulation, et de violence lorsqu'il est démasqué. La tragédie du boulimique, c'est de lire la déception dans les yeux de ceux qui l'aiment à chaque frigo vidé, à chaque emballage de charcuterie trouvé dans la voiture, à des miettes de Savane dans le lit conjugal, à des boîtes de camembert dans le tiroir de la table de nuit, à des sachets vides de Haribo derrière des livres, sur les rayonnages d'une bibliothèque. Et, le pire, c'est lorsque le conjoint du boulimique surprend ce dernier en pleine crise, le privant, en flagrant délit, de ses réflexes habituels de menteur. Alors, il ne lui reste que la violence... Lorsqu'on parvient à ce stade, on sait qu'on a définitivement tué l'amour que l'autre vous porte.

J'ai compris que ma première épouse me quitterait une nuit de vacances, dans le sud de la France où nous avions loué une maison.

Réveillé par une crise, plus précisément encore par le souvenir des côtes de porc que nous avions achetées le matin même et qui dansaient dans ma tête, je quitte la chambre et descends dans la cuisine pour les faire cuire à 1 heure du matin. Quatre côtes de porc !

Je me souviens de les avoir soigneusement disposées afin qu'elles tiennent toutes les quatre dans la grande poêle où j'avais fait fondre une demi-plaquette de beurre. Je commence par les faire dorer à feu vif, puis je les laisse cuire doucement. Pendant ce temps, je coupe des tranches de pain Poilâne, sur lesquelles j'étale le reste de la plaquette de beurre. À mi-cuisson, je décide de retourner les côtes, mais, comme il n'est pas question de lâcher une seconde la tranche de Poilâne beurrée, je la tiens entre mes dents serrées tandis que je saisis la poêle d'une main, une fourchette dans l'autre...

Sitôt ai-je retourné la première côtelette que la porte de la cuisine s'ouvre, et que ma femme apparaît, encore étourdie de sommeil, et me regarde sans comprendre ce que je fous là, la bite à l'air, le pain dans la bouche, avec ma poêle et mes côtes de porc. Le niveau de honte est trop élevé pour que je puisse le contrôler et, à peine a-t-elle compris ce qui se passe, qu'en voyant le dégoût succéder à la surprise dans ses yeux, je lui balance le contenu de la poêle au visage.

Tétanisée, la viande à ses pieds et des traces de beurre fondu sur le pyjama, elle resta immobile et silencieuse un temps qui me parut interminable. Les diables disparurent après avoir célébré leur victoire et, lorsque prenant conscience du désastre je m'apprêtai à la conjurer de me pardonner, elle quitta la cuisine, se dirigea vers la salle de bains, et se recoucha sans un mot.

Elle n'eut pas besoin de m'expliquer pourquoi nous allions nous séparer.

Je vécus seul assez longtemps. Je ne saurais vous dire précisément combien de temps, en mois ou en années. En tout cas le temps nécessaire pour prendre une centaine de kilos.

Septième station : la crucifixion

C'est le stade ultime de la boulimie. Celui du Top 5, où l'humiliation est permanente.

Les ascenseurs ne pouvaient rien pour moi ? Je prenais les monte-charges. J'arrivais à France Inter, je garais ma bagnole devant l'immense salle de stockage des instruments de musique des orchestres de Radio France. Je sonnais, et le vigile derrière son écran de contrôle ouvrait la porte de service. Je n'avais que 10 mètres à parcourir au milieu des harpes, des gongs, des timbales et des pianos à queue, pour arriver à l'élévateur destiné à descendre les instruments dans l'auditorium, et arriver directement derrière la scène du studio où se déroulait « Le Fou du roi ». Je partais très tôt, pour que personne ne me voie arriver sur le plateau par ce moyen humiliant et, à la fin de l'émission, je repartais après les autres pour la même raison. Je reprenais mon monte-charge éléphantesque, 10 mètres de marche, et je m'affalais dans la voiture.

Nous déjeunions souvent – je l'ai déjà évoqué – avec l'équipe de l'émission au Zebra Square. Il suffit de descendre quelques marches et de traverser la rue. Trop difficile pour moi. Je m'y rendais en voiture, sortais du parking et effectuais un grand tour pour me retrouver dans le bon sens, de l'autre côté de la rue ; je laissais mon véhicule au voiturier pour n'avoir à marcher que les quelques mètres menant à notre table, la première à gauche en entrant.

Jean-Michel Cohen a calculé qu'à cette époque je marchais au maximum entre 50 et 100 mètres par jour...

L'enfer, ce sont les humiliations permanentes. Le regard des autres. Toutes ces humiliations ponctuelles, tous ces moments de honte qui sont le quotidien des obèses boulimiques.

L'enfer, c'est l'humiliation dès qu'on se trouve dans des collectivités. Au guichet d'embarquement à l'aéroport, l'hôtesse m'a dit : « Je vous mets au premier rang pour que vous puissiez allonger vos jambes. C'est drôle, en vous voyant à la télé, on ne se rend pas compte que vous êtes grand ! » Je mesure 1,84 mètre, mais l'obésité « m'élargissait » tant qu'elle me faisait paraître petit. Les hôtesses aux portes d'embarquement qui préviennent par talkie-walkie leur collègue dans l'avion de « prévoir un supplément sécurité pour le 12A ». Un supplément sécurité, c'est un segment de ceinture de sécurité qui s'attache à celle qui est déjà fixée au siège, pour en allonger la portée. Je précisais : « Non, deux ! Il m'en faut deux », en parlant à voix basse pour que les passagers de la file d'attente devant la porte d'embarquement n'entendent pas, ce qui était totalement inutile car la fille hurlait dans son talkie-walkie : « Rectification, Solange : il me faut *deux* suppléments sécurité ! » La file d'attente entendait alors la voix qui crachotait dans le talkie :

« Pour quel siège, le deuxième ?

– Pour le 12A.

– Deux suppléments de ceinture pour la même personne ?

– Affirmatif, deux suppléments sécurité ! »

Une fois dans l'avion, nouvelle humiliation.

« Ah, monsieur, il faudrait changer de place. Oui, je sais, 12A c'est bien là. Mais c'est une issue de secours et vous la bloqueriez au cas où l'on devrait l'utiliser pour évacuer les passagers, en cas d'atterrissage accidentel… »

L'enfer, c'est quand tu ne passes plus dans les issues de secours.

L'enfer, c'est lorsque tu n'as plus d'issue de secours.

L'enfer. À chaque instant de chaque jour pendant des années. Et je m'y suis habitué. Alors, vous comprendrez qu'après avoir vécu cet enfer-là, avec ces diables-là, je n'éprouve pas la moindre angoisse à la perspective de rôtir pour l'éternité dans une broche tournée par un type portant des cornes, une queue fourchue et des sabots à talons.

Mais l'enfer, Sartre l'avait bien dit, c'est aussi les autres. L'enfer des boulimiques, c'est le regard des autres, mais plus encore ceux qui font tout pour vous maintenir dans cet état de dépendance : les dealers.

Comme pour toutes les autres addictions, la boulimie a les siens. Mais en matière alimentaire, les dealers ne sont pas poursuivis pénalement. Ils créent l'addiction des consommateurs en toute légalité. La boulimie est une addiction diabolique. La pire de toutes. Notre métabolisme n'a pas besoin de prendre quotidiennement une dose de nicotine, de coke ou de vin rouge pour que nous puissions survivre, mais il est vital de manger. Tout n'est qu'une question de quantité. Supplice de Tantale...

Les grands groupes agroalimentaires utilisent les mêmes méthodes que Rachid dans son hall d'immeuble à la ZUP d'Argenteuil.

Le choix du prénom – Rachid – n'a évidemment rien de discriminatoire. Je l'ai pris à titre d'exemple car, statistiquement, on trouve plus de Rachid que de Gonzague dans les halls d'immeubles. En revanche, on trouve davantage de Gonzague que de Rachid dans les salles de conférence aux vitres teintées donnant sur la baie de Singapour où Gonzague et les autres membres du comité de direction de grands groupes agroalimentaires mettent au point des stratégies afin de rendre accros à la mauvaise bouffe les consommateurs du monde entier.

On peut donc dire que Gonzague exerce la même fonction que Rachid. Il deale de la merde. Mais à une échelle incomparable, puisqu'on passe de la barrette de Rachid aux porte-containers de Gonzague. Cependant, l'addiction et le danger mortel qu'à terme elle représente sont les mêmes. Vous voulez savoir comment s'y prend Gonzague ? Lisez ce qu'en dit Jean-Michel Cohen.

À la dernière station de mon chemin de croix, au moment je me résignais à une mort prochaine et inéluctable, Jean-Michel Cohen m'aida à descendre de la croix. À cette époque, je l'ai déjà écrit, cela faisait longtemps que je ne me pesais plus, et je me souviens d'avoir répondu « 190 » quand on me posa la question lors de mon admission à la clinique des addictions. On me fit monter sur une balance qui explosa. Alors on m'emmena aux cuisines, où je montai sur la bascule destinée à peser les livraisons. Elle annonça exactement 251 kilos.

Avant cette hospitalisation qui me sauva la vie, j'en avais connu bien d'autres, préconisées par ce bon Dr A., dans des établissements que l'on appelle des « cliniques diététiques ». Si elles ont été totalement inefficaces, voire nocives, l'aspect fellinien de ces hospitalisations mérite que je vous les raconte...

8

LES CLINIQUES DIÉTÉTIQUES
Lovely Rita

Les cliniques diététiques sont des établissements subventionnés par la Sécu, qui considère qu'en vingt et un jours – durée maximale du séjour qu'elle prend en charge – l'obèse va ressortir amaigri, et le boulimique guéri de son addiction. Cette simple définition suffit à vous faire comprendre leur inefficacité. Mais le plus grave, c'est qu'elles contribuent, au contraire de ce qu'elles prétendent, à l'aggravation de l'obésité boulimique et accessoirement au déficit de la Sécurité sociale.

En réalité, les cliniques diététiques sont des colonies de vacances pour gros. Ces derniers s'y sentent en sécurité car, ayant l'obésité en commun, ils espèrent enfin ne plus sentir le regard sur leur différence que portent les gens dans la vie courante. On pourrait penser que ce statut commun de gros crée une fraternité, ou tout au moins une connivence entre obèses. Il n'en est rien. De la même façon que les maigres humilient les gros en pensant que ces derniers ne les voient pas les désigner du menton en riant, dans les cliniques diététiques, des grosses montrent du menton des *très* grosses en souriant, du genre «heureusement que je n'en suis pas là».

Chaque soir, après dîner, dans les cliniques diététiques, les obèses traînent au réfectoire, longtemps après que les dames de service ont nettoyé les tables. Comme on ne leur sert plus de nourriture, ils se nourrissent de nostalgie. Ils remplacent une addiction par une autre. Car il y a quelque chose d'addictif à se complaire dans le délicieux frisson que provoque le souvenir du temps où ils étaient maigres. Ils se montrent des photos d'avant. Les femmes sortent leur album de mariage pour le plaisir pathétique de s'entendre dire:

«Ah, mais tu étais mince, là, Sandrine!

– Oui, c'est après ma grossesse que j'ai repris.

– Et là, c'est ton mari? Mais il est canon!

– Oui, c'est Nicolas. Il va venir dimanche...»

À cet instant, une obèse balance une grossièreté – du genre: «Lui, t'as le droit de le manger, ça ne fait pas grossir...» –, qui fait éclater de rire le groupe, mais aucune ne prête attention à l'ombre mélancolique qui passe dans le regard de Sandrine. Nicolas n'a pas téléphoné aujourd'hui. Nicolas téléphone de moins en moins. C'est comme un théorème: plus tu grossis, moins ceux qui t'aiment te téléphonent. Mais elle sait très bien que dimanche, quand il viendra, elle le sentira distant, irritable, impatient de repartir «avant les bouchons». Si elle est là, Sandrine, c'est pour reconquérir son Nicolas, pour qu'il lui téléphone de nouveau, pour qu'il la regarde de nouveau, pour qu'il lui fasse l'amour de nouveau, comme à l'époque des photos.

La première clinique diététique dans laquelle je fis un séjour suite à la prescription du Dr A. constituait une caricature.

C'était un grand bâtiment au cœur du Lubéron, une sorte de HLM à obèses. Il y avait de tout : des cagoles, des patients qui avaient besoin de limiter leur alimentation suite à un accident cardiaque, des diabétiques, des anorexiques qui, à l'inverse, étaient là pour essayer de manger... Une patientèle essentiellement féminine, et quelques hommes. Certains, comme moi, dont la présence était justifiée par leur obésité, mais d'autres qui n'avaient rien à y faire, des voyous marseillais qui avaient besoin de «prendre l'air», des types qui s'étaient fait prescrire un séjour dans cette clinique par leur médecin sous prétexte de poignées d'amour, mais qui n'étaient là que pour baiser, car, dans la région, tout le monde savait que, dans cette clinique, deux cents grosses que la fatigue, les enfants, l'indifférence d'un conjoint, le mépris et l'ennui avaient fait grossir redécouvraient une liberté qu'elles n'avaient plus connue depuis l'adolescence.

Le traitement consistait simplement à limiter les rations quotidiennes. Tout le monde se retrouvait à l'heure du déjeuner dans un immense réfectoire, lieu stratégique où l'essentiel des discussions consistait à organiser les soirées. Au menu : de la salade, des carottes râpées, une petite portion de poisson sans goût, ou de viande grisâtre dont on n'arrivait à distinguer ni à l'aspect ni au goût de quel animal elle provenait. Ce pouvait être du veau, du porc ou de la dinde.

Aucun psychologue, aucun exercice physique. Juste un solarium sur le toit de la clinique, où les gros allaient mettre leur graisse au soleil. Mais, surtout, aucun contrôle. Comme les patients, oisifs, avaient le droit de sortir pour se rendre au village voisin, ils allaient chaque jour passer une heure ou deux au café du coin pour boire l'apéro, manger des chips et des cacahuètes, puis ils finissaient à la supérette locale pour faire les courses en vue des fêtes qu'ils organisaient chaque soir dans la clinique.

Ces « fêtes » étaient principalement consacrées à manger, boire et baiser. Pour sauver les apparences, lors de leur organisation au déjeuner, on leur donnait hypocritement un thème. Par exemple, ce soir, chambre 327 : soirée costumée à 21 heures. Personne n'était dupe de la finalité orgiaque de la soirée ; d'autant que, lorsque tu pèses un demi-quintal, tu peux te déguiser en ce que tu veux, on te reconnaît quand même assez facilement !

Dans ces soirées, chaque participant devait apporter soit de la bouffe, soit de l'alcool – tout le monde devait apporter son cul. Celui qui recevait « dressait » le lit. En effet, comme il n'y avait pas de table dans les chambres, la bouffe était présentée avec soin sur le couvre-lit, comme un buffet de chez Lenôtre. On y trouvait tout ce qui était proscrit aux repas de la clinique : des petits fours salés, des mini-pizzas, des toasts aux œufs de lump, des plats de charcuterie, du tarama, du foie gras, des plateaux de fromages, et puis des desserts dégoulinant de chantilly, avec, tout le long du lit, un alignement de bouteilles d'alcool.

Pendant la première demi-heure, chacun se tenait à peu près – si on peut employer cette expression pour décrire une dizaine de gros qui s'empiffrent et picolent dans une chambre d'hôpital. Puis l'une des femmes en robe Afibel, trouvant l'ambiance morose, décidait de mettre de la musique. Alors les grosses commençaient à danser en faisant des moues obscènes, et on assistait à des scènes felliniennes...

Une fille, se souvenant qu'il y a vingt-cinq ans on lui avait dit qu'elle avait de jolis seins, déboutonnait son chemisier dans un geste qu'elle croyait érotique, et elle finissait par laisser dégouliner en avalanche des mamelles laiteuses veinées de bleu indiquant une circulation sanguine aléatoire. Une autre, désinhibée par l'alcool, faisait glisser sa robe qu'elle piétinait au sol, et exigeait qu'un homme lui procurât un orgasme sur-le-champ en hurlant: «J' veux qu'on m' fasse jouir! S'il y a des hommes ici, qu'ils me fassent jouir!» Puis elle se jetait soudain en arrière sur le lit, les jambes écartées, offerte à qui voudrait. Elle avait juste oublié les reliefs de nourriture sur le couvre-lit. Des tranches de mortadelle se collaient à ses cuisses, son cul se mettait à blanchir – non pas sous le harnais mais sous la chantilly du fraisier –, le tarama adhérait à ses poils pubiens comme les bouloches de la pub Ariel, et des charcuteries diverses collaient à sa peau telles les publicités sur les combinaisons des coureurs automobiles. Sous nos yeux ébahis, un être humain se métamorphosait en mutant, mi-femme mi-nourriture.

À la fin de la soirée, la grosse, retrouvant ses esprits et tout son savoir-vivre malgré la rondelle de salami encore collée à sa cuisse celluliteuse, raccompagnait ses invités à la porte de sa chambre comme les bourgeois vous ramènent à la grille du jardin, en disant: «Tenez, emportez les restes, sinon ça va être perdu.» Elle avait raison, on ne gâche pas la nourriture. La dignité humaine, à la rigueur, mais la nourriture, jamais. Chacun repartait alors dans les couloirs de la clinique avec son *doggy bag* contenant des aliments parsemés de poils de cul comme des herbes de Provence.

À chacune de ces soirées, au moment où je rentrais dans ma chambre, mon sachet de bouffe à la main et la honte au cœur, il me revenait en mémoire une vieille chanson d'Aznavour que chantait ma mère.

Il faut savoir quitter la table
Lorsque l'amour est desservi [...]
Et qu'il ne reste que le pire
Dans une vie bête à pleurer
Il faut savoir...

La pesée avait lieu deux fois par semaine. Dans le couloir qui menait à la salle où se trouvaient une balance, une infirmière et une diététicienne, les obèses attendaient leur tour en formant une longue file silencieuse et stressée à l'idée des résultats désastreux de leurs soirées sur le plan pondéral.

Alors, pour éviter d'entendre l'infirmière annoncer un chiffre en hausse, les obèses tentaient de limiter les dégâts avec des subterfuges dérisoires. À chaque pesée, elles s'habillaient de plus en plus légèrement, enlevaient d'abord leur robe de chambre, puis leurs chaussons, et enfin leurs bijoux, confiant leur alliance à la suivante dans la queue en disant : « Ça risque de fausser les chiffres. » Certaines finissaient même par ôter leur chemise de nuit, et elles attendaient leur tour en petite culotte et soutien-gorge, grelottant de froid dans le couloir de la clinique.

Malgré tout, le verdict était impitoyable. « C'est étrange, disait l'infirmière, vous avez pris 500 grammes depuis la dernière fois. » La grosse répondait : « C'est parce que je suis en plein cycle. En temps normal, ça me fait prendre 1 kilo. Donc vous pouvez considérer que j'ai perdu 500 grammes. » Et elle ressortait dans le couloir en déclarant, d'une voix enjouée : « Super, j'ai perdu 500 grammes ! »

De toute façon, l'infirmière s'en foutait. Elle n'était pas dupe, comme n'était pas dupe le vieux toubib qui dirigeait l'établissement, et qui savait depuis longtemps que sa clinique diététique constituait juste une parenthèse de liberté dans la vie de grosses femmes malheureuses. Libérées pendant vingt et un jours des contraintes familiales et professionnelles, elles à qui « il ne restait plus que le pire dans une vie bête à pleurer » redécouvraient leur corps et une libido enfouie sous la graisse.

Quant à moi, non seulement je n'avais pas perdu mes rituels d'addiction boulimique, mais je reprenais très vite les quelques kilos perdus pendant la cure. Mais je laisse le toubib vous expliquer cela mieux que moi dans la seconde partie du livre...

9

MONTEVIDEO

Lucy in the Sky with Diamonds

Lorsque Jean-Michel Cohen me parla d'une hospitalisation nécessaire, et même indispensable à ma survie, je n'étais guère enthousiaste, car la dizaine de séjours que j'avais précédemment effectués dans des cliniques diététiques s'étaient soldés par les résultats que je viens d'évoquer. Mais la clinique du Dr Lowenstein, au sein de laquelle Jean-Michel dirigeait le service des addictions alimentaires, ne fonctionnait pas comme les autres. C'était une sorte de centre de réhabilitation à l'américaine, où se côtoyaient des patients souffrant de toutes sortes d'addictions. Des toxicos, bien sûr, des alcooliques, mais également des ados addicts aux jeux vidéo, des acheteurs compulsifs, des joueurs et des obsédés du sexe. Il y avait même une mémé accro au « Télé-achat » de Pierre Bellemare, dont les enfants, débarquant un jour dans son pavillon de banlieue, avaient découvert, dans le salon, un entassement de cartons de micro-ondes...

La clinique contre les addictions dirigée par le Dr Lowenstein est située dans les beaux quartiers, derrière le parc des Princes, entre le 16e arrondissement et Boulogne, et elle ressemble davantage à un hôtel de luxe qu'à un établissement hospitalier. Elle n'est pas conventionnée. Le séjour coûte horriblement cher, et est donc réservé à une clientèle privilégiée.

J'avais la chance d'en faire partie et de pouvoir bénéficier de deux séances de psy quotidiennes pour redécouvrir mon âme, de séances quotidiennes dans une salle de gym pour redécouvrir mon corps, de repas diététiques mais délicieux (fruits de mer, cuisine exotique...) pour redécouvrir le plaisir de manger.

En écrivant ces lignes, je ne peux m'empêcher de ressentir un sentiment de culpabilité. Lorsque ce livre paraîtra, j'irai sur les plateaux de télévision raconter comment je suis parvenu à sortir de l'enfer grâce à l'aide de mon ami Jean-Michel Cohen. C'est un beau roman, c'est une belle histoire ; j'ai beaucoup souffert, c'est vrai, mais si je devais, comme aux César, rendre hommage à tous ceux qui m'ont aidé à m'en sortir, je n'oublierai pas de remercier la chance de pouvoir financer cette hospitalisation – l'argent, sans lequel rien n'aurait été possible.

Si je parle de culpabilité, c'est qu'on assiste actuellement à une explosion d'une obésité boulimique qui fait son nid dans les populations en difficulté sociale. Les obèses pauvres se multiplient. C'est la boulimie des chômeurs qui vont chez Lidl acheter des chips goût barbecue, et autres saloperies bon marché du même genre, qu'ils consomment allongés sur le canapé du salon en regardant «Motus». Ceux-là ne pourront jamais avoir accès pendant neuf mois à la clinique des addictions. Il y a là une terrible faille dans notre système de santé. Et une terrible injustice.

Vous comprenez pourquoi j'éprouve ce sentiment de culpabilité ? Parce que, pendant que je raconterai mon histoire à la télé, des téléspectateurs abandonnés, allongés sur leur canapé se gaveront de chips au goût barbecue sans la moindre chance de s'en sortir.

À la réception de la clinique des addictions, donc, pas de ticket à prendre pour attendre son tour et enfin avoir le droit de s'asseoir. Pas de box aux murs épinglés des cartes postales que les collègues ont envoyées de La Grande-Motte à la dame antillaise[1] portant des bas à varices qui vous reçoit, et qui, sans même vous regarder, demande d'une voix lasse et désabusée : « Carte de Sécurité sociale, carte de mutuelle, pièce d'identité… » Non, à la clinique Montevideo, l'entrée ressemble à un hall de palace, une hôtesse souriante vous accueille, vous remet votre planning, et appelle un bagagiste qui vous installe dans une chambre luxueuse – où j'allais vivre neuf mois. Le temps d'une grossesse à l'envers, au bout de laquelle j'espérais renaître.

Mes journées commençaient par une heure de kiné en chambre. Si à la lecture du planning j'avais imaginé qu'on allait me prodiguer des soins corporels thaïlandais ou californiens, j'ai compris très vite qu'il ne s'agissait pas de cela. Ce n'est pas une masseuse thaïe nue sous sa blouse qui me réveilla à l'aube du premier jour, mais une sorte de Rambo

---

1. À tous les cons qui vont faire semblant de s'offusquer pour montrer qu'ils sont humanistes, j'ai écrit « dame antillaise » parce que, statistiquement, j'ai rencontré plus de dames antillaises à l'accueil des hôpitaux que d'Alsaciennes ou de méridionales. Ce constat n'a absolument aucune valeur statistique, pas plus que le port des bas à varices, dont aucune étude scientifique n'a jamais démontré qu'ils sont davantage présents sur les mollets des femmes originaires d'outre-mer. Si je l'ai mentionné, c'est juste pour m'amuser avec un archétype d'autant plus caricatural que l'on ne peut pas voir les jambes de la dame assise au guichet des admissions des hôpitaux.

à l'accent béarnais, qui me fit faire de la gym intensive pendant une heure à l'issue de laquelle j'avais la sensation d'avoir été passé durant une éternité dans une machine à laver en programme essorage. (Il s'agit bien évidemment d'une métaphore, assez facile au demeurant, puisque, à l'époque, je n'aurais pu faire entrer dans le tambour d'une machine à laver qu'un morceau de jambe allant du pied au genou inclus.) Chaque matin, dès que Rambo apparaissait dans ma chambre, je détestais son sourire qui se voulait bienveillant, et je prétextais des excuses bidon pour échapper à ses exercices. Une sciatique, une nuit blanche, des palpitations, un état de faiblesse sans doute dû au changement de régime alimentaire. Il faisait semblant de croire à mes arguments, et je me rendormais pendant une heure avant de me rendre à la première séance de psychothérapie quotidienne.

Quand je suis entré pour la première fois dans le bureau de C., une des psychologues de la clinique Montevideo qui m'attendait derrière son bureau soigneusement rangé, je me suis dit au premier regard sur cette jolie jeune femme à l'allure universitaire que nous allions tous les deux perdre notre temps. Comme tous les addicts je n'avais évidemment aucune envie de rechercher les causes profondes de ma folie, je pensais la manipuler sans difficulté en lui donnant des os à ronger. Elle allait réciter sa leçon, les grands classiques de la psy – mes relations avec ma mère, l'absence de mon père –, et moi, j'allais lui faire plaisir en lui récitant mes classiques – le jour où, enfant, j'ai vu ma mère à poil avec ce truc noir entre les jambes qui m'a fait peur (je savais que ça allait lui plaire et qu'on partait pour une dizaine de séances consacrées à ma peur des femmes, qu'elle me poserait des questions du genre : « Est-ce parce que les femmes vous font peur au point que vous faites tout pour qu'elles n'éprouvent aucun désir pour vous ? »). J'avais aussi en réserve cette question que je posais toujours lorsque j'étais enfant : « Où il est, mon papa ? » Avec ça, on allait bien tenir aussi une autre dizaine de séances. Et, pour finir sur le grand classique psy que constitue l'homosexualité inavouée et refoulée, je prévoyais de lui balancer le jour où, en colo, on s'était branlés mutuellement avec mon voisin de chambrée.

Je pensais donc driver C. comme je l'avais fait précédemment avec tous les psys qui avaient croisé ma route. Sa jeunesse me laissait présager un manque d'expérience, et les premières séances me confortèrent dans l'idée que je n'aurais aucun mal à la manipuler en lui faisant croire que je faisais des progrès dans mon travail de compréhension des mécanismes cognitifs de la boulimie – alors que je n'avais qu'une idée en tête : la séduire.

Chaque matin, elle m'accueillait avec le sourire, et nous commencions par le rituel du café. Tout en s'affairant avec la machine Nespresso, elle me posait des questions d'ordre général sur mon séjour, mes relations avec les patients, les médecins, le personnel paramédical, sur mes enfants, puis elle me tendait la tasse et me demandait : « Alors, où en étions-nous restés hier ? » La séance commençait. À aucun moment je n'avais envisagé qu'elle puisse m'aider. À aucun moment je n'avais pensé que qui que ce soit puisse m'aider, et, si j'avais accepté cette hospitalisation, c'était juste pour ne pas mourir tout de suite et continuer à me goinfrer de succès médiatique de la même façon que je mangeais, compulsivement, sans en percevoir vraiment le goût, comme un sédatif pour calmer le dégoût de moi.

Le Dr A. et sa théorie à la con sur le manque de reconnaissance m'avaient dégoûté. Plus tard, j'ai rencontré Gérard Miller, qui m'a conforté dans ce rejet, mais envers lequel je n'aurai pas l'ironie facile, car j'éprouve à son égard une immense tendresse, une tendresse fraternelle pour son irrépressible besoin de séduction effrénée et désespérée. Miller, c'était moi en maigre.

À aucun moment, disais-je, je n'avais pensé que C. puisse m'aider. Et puis, un jour, elle m'accueillit, le visage fermé, resta assise à son bureau, et me lança d'une voix glaciale : « Je vous écoute. » Je fis mine de ne pas avoir perçu son sérieux inhabituel. Je lui lançai sur un ton enjoué : « Je parie qu'il n'y a plus de café, et c'est pour ça que vous êtes chiffon ! » Elle me regarda en silence. Déstabilisé, je demandai : « Est-ce que j'ai dit quelque chose ?... » Elle m'interrompit brutalement.

« Non, justement non, vous n'avez pas dit *quelque chose*. Vous n'avez *rien* dit, vous n'avez rien dit depuis dix jours. Vous ne dites strictement rien, ou alors vous me menez en bateau avec des événements de votre vie soigneusement répétés, et dont vous pensez qu'ils vont servir de diversion et vous éviter d'avancer dans le travail que nous sommes censés faire. Vous jouez avec moi comme avec les autres. Vous jouez au petit garçon terrifié par le sexe de sa maman, au petit garçon qui demande où est son papa, au petit garçon qui tripote son copain en colonie – oui, j'ai dit « tripoter » et pas « caresser » : ça vous choque ? Mais pour qui me prenez-vous, monsieur Carlier ? Quel mépris avez-vous à mon égard pour penser que je vais tomber dans vos diversions grossières, dans vos caricatures de thèmes psychanalytiques ? Et, surtout, vous pensez que vous allez me séduire avec votre voix de velours qui plaît à vos auditrices, que je vais tomber amoureuse de vous en vous disant : "Vous pesez 250 kilos, mais ça n'a aucune importance pour moi, car je suis psy, et ce qui m'importe, c'est votre richesse intérieure. Tiens, allez-y, caressez-moi les seins, si vous voulez !" Alors je vous le dis, monsieur Carlier : je me sens humiliée. Mais ce n'est pas ce que je ressens qui est le plus important. Si vous n'avez pas envie que je vous aide à avancer, si vous n'avez pas davantage envie de vous occuper de votre corps en trouvant des excuses pour ne pas travailler avec le kiné, si vous voulez continuer à tricher dans cette clinique comme vous le faites dans la vie, partez tout de suite. Partez, et continuez à mentir à ceux qui vous entourent, à mentir à votre public, à mentir à vos fils, à *vous* mentir. Mais ne faites pas perdre de temps en mentant à ceux qui sont ici pour vous aider à vous soigner. Voilà pourquoi il n'y aura pas de café aujourd'hui. À la place du café, je vous offre une chance de continuer à essayer de travailler ensemble. Je vais vous poser une question. Une seule. Soit vous y répondez honnêtement et on commence à dérouler le fil qui suivra votre réponse, soit vous refusez d'y répondre ou vous me répondez en trichant comme vous le faites habituellement, et c'est la dernière fois que nous nous rencontrons. Vous avez compris ?

– Oui, j'ai compris. Posez votre question.

– Qu'y a-t-il à l'intérieur de votre énorme ventre ?

– De la merde. Je suis un monstre rempli de merde.

– Oublions votre formule choc. Pourquoi remplissez-vous ainsi vos entrailles d'excréments ? Autrement dit, que voulez-vous cacher, sous cette merde ?

– De l'amour, sans doute. Un amour monstre. Je suis devenu un monstre pour cacher un amour monstre.

– Monsieur Carlier, je crois que nous allons pouvoir commencer à travailler… »

Ce matin-là, je n'ai pas bu de café. N'en déplaise à George Clooney. C. avait « *something else* » qu'un Nespresso à m'offrir. Elle m'a fait saisir le fil de ma vie. Un fil que j'ai mis dix ans à dérouler.

Je ne quittai pas la clinique et, pour la première fois, je décidai de ne plus tricher. Neuf mois. Putain de symbole !

Le temps d'une grossesse pour une naissance. Le temps de ma dégrossesse pour renaître.

À midi, on m'apportait un déjeuner spécialement étudié par Jean-Michel Cohen, qui m'avait longuement questionné sur mes goûts alimentaires, et qui me faisait confectionner des menus délicieux et néanmoins diététiques. C'est son truc, ça, le régime plaisir. Un jour un plateau de fruits de mer, une autre fois un repas chinois, et... Et je découvris une sensation inédite : le plaisir de manger. Car – est-il besoin de le préciser ? – le boulimique n'éprouve aucun plaisir à manger, pas plus que Strauss-Kahn n'en éprouve à baiser.

L'après-midi, de nouveau exercice physique, avec en alternance piscine ou tapis de marche dans la salle de gym au sous-sol de la clinique. La piscine se trouvait dans un centre de rééducation nommé La Châtaigneraie, dans le 15e arrondissement, et constituait pour moi un véritable calvaire. D'abord parce que le mot piscine est un peu flatteur pour un bassin aux mosaïques évoquant davantage l'institut médico-légal qu'Aqualand. Une vingtaine de personnes baignent dans une eau tiédasse. Certaines souffrent de pathologies impressionnantes. Les plus impotentes, celles qui souffrent de graves séquelles d'AVC, par exemple, sont transférées par un kiné au bord de la piscine de leur fauteuil roulant sur un siège fixé à un treuil, que l'aide-soignant pilote pour les faire entrer dans l'eau. On imagine le tableau sublime que Salvador Dalí aurait fait de ce bain des corps déchus par l'âge et la maladie.

Et puis, surtout, avant de m'immerger, il me fallait longer la piscine pour arriver à l'escalier qui permettait d'y entrer, et affronter pendant de longues secondes le regard de ceux qui se trouvaient dans l'eau et qui voyaient « pour de vrai » le corps difforme du gros de la télévision.

Le regard d'une vingtaine de baigneurs, sortis tout droit d'une compétition handisports, m'observant tandis que je marchais le long du bassin, en maillot de bain et coiffé d'un bonnet qui ressemblait à une charlotte chirurgicale, à petits pas pour éviter de glisser sur le sol humide, fut sans doute le moment le plus humiliant de ma vie de gros.

Je bénéficiais d'une autorisation de sortie pour participer à « On ne peut pas plaire à tout le monde », dans laquelle je jouais le faire-valoir de Marc-Olivier Fogiel. Je quittais la clinique vers midi. Jean-Michel Cohen, qui savait que le sandwich constituait un des « fondamentaux » de ma boulimie, me faisait préparer un sandwich relativement diététique, qui me permettait de satisfaire ce rituel boulimique basique, et m'évitait ainsi la tentation du kebab ou du triangle pain de mie sec beurre ou thon mayo des stations-service.

J'avais rendez-vous avec Marco au studio à 15 heures pour effectuer un filage complet de l'émission. Il arrivait en tee-shirt et casquette US. On aurait dit un collégien. J'aimais ces heures de concentration partagées avec lui. Pendant trois heures, nous bachotions.

C'est étrange, un plateau de télévision pendant les répétitions ! À 15 heures le dimanche, il n'est pas maquillé dans sa mi-obscurité. On dirait qu'il attend le soir en peignoir, des bigoudis sur la tête.

À 18 heures, fin de la répétition, nous allions dîner. On dîne tôt, à la télé. Comme à la clinique. J'aurais bien aimé aller au *catering*, la cantine destinée à l'équipe, mais je n'avais même pas la force de monter quelques marches pour m'y rendre. Alors on m'apportait un repas dans ma loge, la seule située au rez-de-chaussée, pour que je n'aie pas d'escaliers à monter. Puis je m'habillais, on me maquillait, on me coiffait, et, dans un rituel immuable, à 20 h 15,

Marco frappait à la porte. Pour éviter que le fond de teint ne fasse des traces sur sa chemise blanche, la maquilleuse avait glissé des Kleenex dans le col de cette dernière, qui lui faisaient comme une fraise, façon Henri IV. Il s'asseyait, et nous regardions en silence, sur la télé posée sur ma table de maquillage, la fin du JT, qui marquait le départ vers le plateau. Une longue route pendant laquelle nous échangions quelques mots en pilotage automatique en raison de la tension croissante. La maquilleuse nous « faisait » les mains, enlevait les Kleenex de nos cols, et c'était le moment où nous nous serrions l'un contre l'autre en murmurant : « Que la force soit avec nous. » Et nous entrions dans la lumière.

L'émission se terminait vers 1 heure du matin. Généralement, nous partagions une coupe de champagne dans ma loge avec l'invité vedette du jour, en débriefant l'émission. Et, vers 2 heures, je reprenais ma voiture pour rentrer à la clinique. Je ne l'ai jamais dit à Jean-Michel Cohen, mais, les premiers dimanches d'hospitalisation, avant de rentrer, je m'arrêtais chez un « Arabe » que je savais ouvert la nuit. Je lui jouais à lui aussi la comédie du « Ah, j'ai des invités qui ont débarqué à cette heure tardive ! » Évidemment, il n'était pas dupe non plus. Il avait l'habitude : je m'étais retrouvé un soir derrière un alcoolique qui lui débitait le même baratin. « Les gens débarquent comme ça, à l'improviste ! Et du coup, on est obligé de faire des courses en pleine nuit, parce que moi, je ne bois pas d'alcool ! » Te fatigue pas, mon gars : on est du même monde.

Mais, de dimanche en dimanche, les arrêts dans l'épicerie au retour de l'émission se firent de plus en plus rares. Une nuit, je rentrai directement à la clinique et, à compter de cette date, je ne suis plus jamais allé dans des épiceries la nuit.

10

DOUCHES MATINALES À LA BÉTADINE

Good Morning, Good Morning

Je suis sorti des neuf mois d'hospitalisation à la clinique Montevideo, guéri des crises de boulimie massives et quotidiennes qui rythmaient ma vie. J'avais perdu un kilo par semaine, objectif fixé par Jean-Michel Cohen – ce qui peut sembler peu et interminable pour un type qui démarre à 250, mais qui est le juste rythme compte tenu de tous les paramètres en jeu. Car il ne fallait surtout pas que je perde le peu de muscles qui me restait, et je devais même développer ma masse musculaire par un programme de remise en forme physique, avec des séances quotidiennes de plus en plus difficiles dans la salle de gym de la clinique. Le muscle pesant plus lourd que la graisse, ça limitait mécaniquement ma perte de poids.

Un kilo par semaine… C'est donc avec 36 kilos de moins que je suis sorti de la clinique. J'étais guéri de l'addiction.

Jean-Michel Cohen considéra que j'étais prêt à commencer un important travail chirurgical. J'entrais alors dans une partie de ma vie rythmée par une succession d'opérations.

Tout d'abord sur le plan gastro-intestinal – ce que l'on appelle la chirurgie bariatrique –, il était nécessaire que je subisse un « by-pass » qui consiste, d'une part à réduire le volume de l'estomac, et d'autre part à effectuer une sorte de plomberie anatomique en raccordant deux éléments de l'intestin de façon à mettre hors circuit la zone où s'effectue principalement l'absorption des graisses et des sucres. Le résultat est spectaculaire car, l'estomac étant sensiblement réduit, on se retrouve très vite rassasié et, comme par ailleurs le peu que l'on absorbe est massivement éliminé, j'ai maigri d'une trentaine de kilos en un semestre. Mais l'organisme finit, comme toujours, par s'habituer... Et, au bout de quelques mois, mon poids se stabilisa à 180 kilos.

Un deuxième type d'intervention chirurgicale est nécessaire dans le cas d'un amaigrissement important : la chirurgie plastique. Car vous imaginez que le ventre d'un homme de 250 kilos ne peut totalement disparaître, même après l'amaigrissement le plus important qu'il se puisse imaginer. Il subsiste évidemment un énorme excédent de peau et des graisses anciennes, stratifiées, vascularisées, qui ne se résorbent jamais, même au prix du plus draconien des régimes. Cette peau abdominale et sa sous-couche de graisse forment ce que l'on appelle un « tablier » qui tombe littéralement sur les cuisses, cachant le sexe comme un rideau, une sorte de kilt intégré qui donne finalement une image encore plus repoussante que celle de l'obésité.

Il fallut donc procéder à l'ablation de ce tablier. Contrairement à ce que l'on pourrait penser, il ne s'agit pas d'une opération esthétique superficielle puisqu'elle ne touche aucun organe interne, mais c'est en réalité une opération lourde et dangereuse, car le chirurgien vous « coupe en deux » en pratiquant une incision qui va d'une hanche à l'autre avant de procéder à l'ablation de ces tissus, qui équivaut à l'amputation d'un membre.

Ce tablier était dans mon cas si important que le chirurgien décida de l'éliminer en deux fois. La première fois, les choses se passèrent à peu près bien, mais le chirurgien m'avoua par la suite que l'opération avait été particulièrement délicate, mon ventre étant tellement volumineux qu'il avait dû faire appel à deux confrères qui l'assistèrent pendant l'intervention.

La deuxième opération eut lieu à l'hôpital Saint-Louis, dans le service du Pr Mimoun. J'y étais allé sans appréhension ; j'avais fait le plus dur, je ne pesais plus « que » 150 kilos, et, pourtant, ce fut l'enfer. Je ne parvenais pas à cicatriser, et je perdais chaque jour un litre de lymphe et de sang. Malgré des transfusions, mes forces ne cessaient de décliner, au point que je ne pouvais plus me lever, et que je m'étais résigné à mourir. Et puis, peu à peu, les saignements se tarirent, la cicatrice se consolida enfin, et je finis par m'en sortir, même s'il fallut encore des semaines avant que je récupère complètement.

Miraculeusement, les années de surpoids n'avaient laissé dans mon corps que des dégâts mécaniques. À la vue de mon bilan sanguin, Jean-Michel Cohen m'avait lancé : « Le métabolisme humain m'étonnera toujours. » Pas de cholestérol, de triglycérides ou de diabète, pas d'hypertension. Mais, usés par le surpoids, mes cartilages des genoux avaient disparu. La douleur était constante, mais supportable. Elle s'installa, m'empêcha d'effectuer de longs trajets, puis de monter les escaliers. L'opération, là encore, était inévitable…

Mais pour s'en assurer, Jean-Michel Cohen me fit passer une radio. Je me rendis donc chez un radiologue près de

France Inter, dans le 16ᵉ arrondissement. Je ne connaissais pas ce toubib. J'espérais voir apparaître un Michel Cymes qui me tranquilliserait en me faisant rire. Mais, avant même de le voir, au premier coup d'œil dans la salle d'attente, je compris que je n'étais pas chez Michel Cymes. Car ce dernier n'aurait jamais accroché au mur une aquarelle représentant une barque échouée sur le sable stylisée à gros traits d'encre de Chine. Et quand je vis sur son bureau les quatre billes d'acier reliées à une potence qui se balançaient en s'entrechoquant, j'ai pensé : « Ce gars est une synthèse. On devrait faire une série télévisée avec ce type de personnage, un truc TF1, avec un anti-héros radiologue, son aquarelle au mur, sa déco sponsorisée par les labos pharmaceutiques, sa façon infantilisante de s'adresser aux malades, son mépris total du patient derrière son hochement de tête lorsqu'il se met en pilotage automatique, quand le malheureux angoissé raconte son itinéraire médical ; son mobilier de salle d'attente hérité d'un vieil oncle mais passé dans sa compta. Il y aurait des problèmes de carte Vitale pas à jour, de logiciel qui merde, de mutuelles non répertoriées... »

Le docteur était fasciné par le monde des médias. Il me dit :

« Je vous laisse entre les mains de la manipulatrice. On se revoit quand ce sera terminé. Je vous commenterai les clichés et, en même temps, y a un truc que je voudrais vous demander... On en reparle tout à l'heure ! »

Et il laissa sa phrase en suspens, comme s'il n'osait pas poser sa question.

Je la connaissais, sa question. Et je le soulageai immédiatement en disant :

« Je parie que vous allez me demander : "Il est comment, Ruquier, en vrai ?" »

Il éclata de rire, et j'évacuai sa curiosité par la formule que j'emploie chaque fois que l'on me pose la question : « Il est dans la vie le même qu'à la télé. » Parce que vous n'imaginez quand même pas que j'allais donner à un type qui accroche au mur de son cabinet une aquarelle de l'école de Pont-Aven fabriquée à Taïwan ce que je sais de Laurent Ruquier, pour qu'il aille ensuite crâner devant une visiteuse médicale en lui disant : « Vanessa, figurez-vous que j'ai appris un truc sur Laurent Ruquier... »

Je me rendis dans la pièce où m'attendait la manipulatrice radio, qui me demanda de monter sur la petite marche métallique de l'appareil et de coller mon corps contre le panneau de verre. C'est au moment précis où la petite marche céda sous mon poids que je vis la plaque métallique sur laquelle était écrit : « Poids maxi : 130 kilos ».

Le radiologue faisait ostensiblement la gueule lorsqu'il commenta mes clichés. Je n'étais plus la personnalité de la radio et de la télé, mais le gros con qui avait pété 40 000 euros de matos. C'est donc sans la moindre délicatesse qu'il m'annonça que je n'avais plus de cartilages aux genoux, et que je devais procéder à la pose de prothèses pour chacun d'eux.

J'avais gardé de bonnes relations avec Marc-Olivier Fogiel. Il m'indiqua un chirurgien nommé Sautet, et le nom me plut. Un homme qui s'appelle Sautet ne peut être mauvais. Ce dernier m'opéra donc. Il était sympa. C'était un ami de Claire Chazal, qui est, je l'ai déjà dit, l'amie de Marco. Secteur privé à Saint-Antoine. 3 000 euros de dépassement d'honoraires par genou. Le droit rééduqué en un mois, le deuxième ne l'est toujours pas. Une histoire de rotule qui se luxe... Alors, j'ai commencé à tomber.

Une première fois. Poignet gauche brisé. Opération et plaque métallique. Je continuai à tomber régulièrement mais sans grands dommages. Jusqu'à ce jour d'août 2015.

Drôle de journée. J'étais invité à la Forêt des livres de Gonzague Saint-Bris. Les stands sur lesquels les auteurs signaient étaient alignés par ordre alphabétique tout au long de la petite route qui traverse la forêt. À côté de moi, Patrick de Carolis. Deux stands plus loin : Jean-Pierre Coffe. Ce dernier était à cette époque l'homme que je détestais le plus sur terre.

C'était une longue histoire qui remontait à une quinzaine d'années. Coffe qui, on s'en souvient, avait bâti sa popularité en devenant le chantre de la qualité traditionnelle, du petit artisan, etc., avait vendu son image à une campagne publicitaire pour une enseigne qui symbolisait le contraire des valeurs qu'il défendait. Je l'avais donc allumé dans une chronique chez Bern et, le lendemain, il avait débarqué en régie avant l'émission, m'avait insulté avec une violence extrême, au point que j'étais rentré chez moi et n'avais pas participé à l'émission. L'après-midi, on m'avait livré un bouquet de roses si monumental que le livreur avait eu du mal à le faire passer par la porte. C'était Coffe qui me l'envoyait, accompagné d'une simple carte de visite sur laquelle il avait écrit : « Pardon. » Connaissant son goût pour les cigares, je m'étais rendu chez Davidoff et lui avait fait livrer un coffret de havanes avec un bristol sur lequel j'avais noté : « Pardonné. »

Nous nous vîmes ensuite à plusieurs reprises dans les années qui suivirent, et tout se passa bien dans cette paix retrouvée. En 2012, je me rendis à l'émission dominicale de Michel Drucker pour la promo de mon premier spectacle que je jouais au Studio des Champs-Élysées, d'autant plus détendu que Drucker l'avait adoré, et qu'il en avait fait l'éloge dans son émission sur Europe 1, dont j'étais l'invité quelques jours plus tôt. Dès que je fus assis sur le fameux canapé rouge, je sentis comme un malaise. Drucker, qui m'avait déjà reçu à la radio et qui avait été dithyrambique, se montrait beaucoup plus réservé. Je le sentais tendu et inquiet, et je compris qu'il avait des raisons de l'être lorsque Jean-Pierre Coffe se mit à m'attaquer violemment, m'accusant d'être viscéralement méchant, déconseillant quasiment aux téléspectateurs de venir me voir sur scène et, montant en colère, il finit par me dire que j'étais un opportuniste qui venait faire sa pub chez Drucker alors que je détestais ce dernier. Je quittai le studio dans un silence glacial. Le public, habitué à la flagornerie de règle dans cette émission, était en état de sidération. Drucker me téléphona le soir même pour excuser l'attitude de Coffe, en m'assurant qu'il allait faire de son mieux au montage. Il aurait pu couper davantage qu'il ne l'a fait, mais m'a-t-il dit plus tard, Coffe menaçait de le quitter s'il supprimait son intervention.

Vous comprenez pourquoi, ce jour d'août 2015, j'étais particulièrement tendu en voyant Coffe à deux stands du mien à la Forêt des livres. Je l'ignorai, et la journée passa ainsi lorsque, soudain, alors que je dédicaçais un livre, je sentis une présence derrière moi. C'était lui. J'eus à peine le temps d'être surpris ou de montrer mon mépris qu'une larme coula le long de sa joue. Je me levai, il me prit dans ses bras et murmura : « Pardon, pardon... » Je ne pouvais pas. Je répondis : « Il y a quinze ans, tu m'as demandé pardon. Je t'ai pardonné. Aujourd'hui, tu me demandes deux fois pardon. C'est non. » Lorsqu'il mourut, quelques mois plus tard, je m'en suis voulu de ne pas lui avoir pardonné ce jour-là.

À la fin de la journée, je rentrai dans ma maison près de Vézelay et ne cessai de penser à Coffe. Finalement, ne pouvant trouver le sommeil tant la scène du salon du livre me préoccupait, je décidai de l'appeler. Je me levai pour aller chercher mon téléphone dans la cuisine où je l'avais laissé, et composai le numéro. Une sonnerie... Deux... Trois... Et je m'écroulai sur le carrelage. Mon genou avait de nouveau lâché.

J'étais à poil dans ma cuisine, par terre, un poignet éclaté, une cheville en vrac, et j'entendais la voix de Coffe dans le téléphone qui criait « Allo ? », à un mètre de moi sur le carrelage. Je finis par ramper et m'en saisir. Coffe avait raccroché, et j'appelai les pompiers, qui m'emmenèrent à l'hôpital où l'on m'opéra et on me mit une plaque métallique dans le poignet droit.

Deux prothèses en titane, des plaques métalliques dans chaque poignet, je commence à ressembler à RoboCop. Imaginez la panique dans les aéroports lorsque je passe les portiques de sécurité.

11

LA FIN DE LA FAIM
When I'm Sixty-Four

Il faisait beau ce dimanche matin sur Paris et, tandis que je conduisais le long des quais de la ville encore assoupie et que la radio diffusait du Claude François, je songeais à la scène qui s'était déroulée une heure plus tôt à mon réveil. Je me mis à chanter à tue-tête :
Je m'lève,
Sans le moindre espoir,
Je marche au radar
Vers la salle de bains,
Comme d'habitude.
Je pisse,
Dans le lavabo,
Je rince d'un peu d'eau,
Comme d'habitude.
Comme chaque matin, je vais me peser,
Comme d'habitude.

Mais ce matin-là,
Je ne croyais pas
Aux chiffres affichés
Pour la première fois,
Les chiffres à mes pieds
Caressaient mon âme.
125 kilogrammes.
J'aurais dû exulter,
Hurler mon allégresse,
Fêter la fin du drame,
La fin de ma détresse.
Mais seulement ce matin
Seul dans ma salle de bains,
J'ai vu dans mon miroir,
L'image d'un vieillard.
Et des larmes ont coulé,
Comme d'habitude…

La fin de mon improvisation avait sensiblement atténué mon enthousiasme, mais cette onde de tristesse ne dura guère, effacée par la douceur de Paris sous le soleil d'avril, et par cette pensée qui s'imposa à mon esprit : « Maintenant, on ne m'appellera plus jamais le gros. »

Je savourai cette idée délicieuse qui dessinait un sourire béat sur mes lèvres, lorsqu'un type à moto qui se faufilait entre les voitures donna un grand coup de pied dans ma portière en hurlant : « Serre-toi un peu, Papy ! » Mon sourire béat s'effaça instantanément. Pas en raison du coup de botte ; je déteste ces cow-boys motocyclistes qui, lorsqu'on s'écarte pour les laisser passer, vous remercient en tendant la jambe, ce qui leur permet, au passage, de libérer une couille confinée, ou bien qui vous insultent en frappant votre portière si vous avez le malheur de les gêner, puis accélèrent très vite pour s'échapper lâchement. Non, ce qui m'a détruit, ce matin-là, c'est ce « Papy » que m'a lancé un connard motorisé qui m'a fait prendre conscience que j'étais devenu vieux.

Le drame, c'est que je suis passé directement de gros à vieux. Sans passer par la case « homme mince dans la force de l'âge ». Et puis, surtout, j'avais vaincu l'obésité après un combat qui dura des années, mais la vieillesse, elle, est irréversible. On ne peut pas gagner cette guerre-là, car, comme la pendule au salon de la chanson de Brel, la vieillesse dit « Je vous attends » aux enfants du baby-boom.

Dire qu'il n'y a pas si longtemps, je me moquais d'une émission de vieux à la télé, qui s'appelait « La chance aux chansons », présentée par le regretté Pascal Sevran. Euh, non... À la réflexion, ce type n'est pas spécialement regretté ; il était antipathique, méprisant et odieux. Mais dans son émission défilaient des chanteuses septuagénaires. Parmi elles, Georgette Plana venait régulièrement chanter *Riquita, jolie fleur de Java* et, dans un rituel immuable, au moment du dernier accord, elle lançait sa jambe à l'horizontale dans un mouvement destiné à montrer qu'elle restait encore souple et sexy. Je garde le souvenir d'un cuissot laiteux et atrophié s'élevant dans les éclairages pastel du studio, tandis que Pascal Sevran s'exclamait : « Ah, ma chère Georgette, quand on pense que vous avez soixante-seize ans, on se dit que la beauté de la femme est éternelle... » À cette phrase, on comprenait qu'il était sympathisant mais pas membre actif.

Le motard avait filé. À la radio, on annonçait le concert des Stones le soir même à Nanterre. Immédiatement, j'ai pensé Jagger et Richards soixante-quinze ans, Charlie Watts soixante-dix-sept, et je me suis dit que, le soir même à Nanterre, ça allait être «La chance aux chansons». Mick Jagger est la nouvelle Georgette Plana. Statistiquement, à leur âge, les Stones ont forcément des pathologies de vieux, des problèmes de prostate, des polypes dans le colon, de la bronchite obstructive, de l'hypertension, des hémorroïdes, et même... Oh non, pas ça! Mais si... Pourquoi Jagger ne souffrirait-il pas d'un désagrément le contraignant à arpenter la scène avec une couche Confiance sous son jean?

À cause d'un motard qui m'a appelé Papy, j'ai pris la décision de ne plus jamais aller voir les Rolling Stones sur scène.

Je suis sûr que tous ceux qui sont de ma génération, tous les enfants du baby-boom – quelle ironie, ces mots «enfants» et «baby» pour qualifier des prostatiques! – ressentent la même humiliation que moi en entendant le Papy du motard. Les mères qui crient: «Mattéo, fais attention avec ta trottinette sur le trottoir! Tu vas faire tomber le vieux monsieur...», les gens qui vous croisent dans la rue et qui se disent: «Tiens, v'là un type à la retraite qui va sûrement chercher le pain et le magazine *Notre Temps*», et qui vous associent à un rituel gériatrique incluant «Motus», la sieste après déjeuner, la bouche ouverte dans un fauteuil Everstyl devant lequel, sur une table en merisier, traînent les mots fléchés de *Télé 7 jours* et, au réveil, le bricolage dans l'atelier installé dans la cave. Une petite planchette en pin pour accrocher les clés dans l'entrée, parce que, sinon, les clés sont en tas sur la commode, on s'y retrouve pas, tandis que là, quand ce sera fini dans quatre ans, il y aura un crochet marqué «clé de la cave», et c'est là qu'on accrochera la clé de la cave...

Le pire, c'est qu'on ne se rend même pas compte que l'on est devenu vieux, car on continue à penser comme un enfant, on ne peut s'empêcher de ressentir une caresse brûlante dans le ventre en devinant un petit cul de vingt ans qui danse sous une jupe courte ; et là, on prend conscience que ce trouble est obscène.

On devrait rester entre vieux, dans les paquebots des croisières « Salut les copains » avec les vieilles stars qui n'arrivent pas à décrocher.

Je suis vieux...

Je me souviens de l'époque lointaine où, le soir, juste avant de m'endormir, je faisais comme le font les trentenaires qui se disent : « Bon, j'ai trente-deux ans et, dans huit ans, je serai dans la tranche des quadras. Et merde, après, c'est la tranche des cinquante... » Là, une sourde angoisse commence à leur étreindre l'âme, ils se souviennent de leur grand-père à cinquante ans, et ils continuent cette terrifiante plongée dans leur futur tandis que leur compagne dort à leur côté. Quand ils arrivent à soixante, ils ressentent comme un vertige, et, lorsqu'ils s'imaginent à soixante-dix ans, ils suffoquent. Alors pour se calmer, comme dans une sorte de réflexe de survie, ils caressent le petit cul de leur compagne endormie. Ça les rassure, ça les apaise, ça vaut tous les Lexomil du monde, et tous les hommes font ça pour chasser l'angoisse du temps qui passe et de la vieillesse inexorable.

Moi, à quarante ans, je ne m'imaginais pas à soixante-dix, je me demandais combien de temps mon obésité m'autoriserait à survivre. C'est aujourd'hui que je ne parviens pas à m'endormir à cette idée que je fonce toutes voiles dehors vers les soixante-dix. Soixante-dix ans et après... Oh, putain ! Alors pour me rassurer, vous savez ce que je fais ?

Là, vous vous dites : « Finalement, il est bien, Carlier. Il voit sa femme comme si elle avait toujours quarante ans. »

Comme si elle n'avait pas changé. Mais elle a quarante ans. Je ne sais pas si elle a changé, mais moi j'ai changé de femme. Quand les hommes deviennent vieux, le seul truc qui ne vieillit pas chez eux, c'est leur femme. Là, je suis volontairement provocateur, vous l'avez compris. Pour deux raisons. D'abord ma femme a plus de quarante ans. Et, surtout, j'ai été écœuré par la tartufferie de tous ces mecs qui poussaient des cris d'orfraie aux déclarations de Yann Moix et déclamaient des phrases du genre « Ah, qui dira la beauté du corps d'une femme épanouie dans la soixantaine ?... », alors que la plupart d'entre eux avaient quitté la leur ou, pire encore, la trompaient avec des femmes de vingt ans de moins.

La pensée de la vieillesse me berce chaque soir avant de m'endormir, mais elle me réveille aussi chaque matin. Dès mon réveil, elle est là, bien présente dans mon âme où elle a pris ses aises pendant la nuit.

Aujourd'hui, par exemple, elle a décidé de me pourrir la journée avec des maths.

« Allez, mon Guy, m'a-t-elle dit. Un peu de calcul mental pour se mettre en forme ! Tu te souviens de Mai 68 ? Tu sais, cette révolution avec laquelle tu fais chier ta femme, tes fils, tes auditeurs d'Europe et ceux qui lisent tes chroniques... Eh bien, calcule combien d'années se sont écoulées depuis ces événements !

— 2018 – 1968 = 50 ! Il s'est écoulé cinquante ans.

— Bravo, me dit la mort. Tu comptes bien. Maintenant, si tu enlèves cinquante ans à Mai 68, tu arrives en quelle année ?

— En 1918 ?

— C'est exact. En 1918. Maintenant, souviens-toi. En Mai 68, quand les anciens combattants te saoulaient avec leurs histoires de la guerre de 14, tu pensais quoi ?

– Ça ne m'intéressait pas. Ils étaient vieux, ils sentaient la pisse, ils étaient déjà morts...

– Eh bien voilà, mon Guy. Tu es vieux comme la guerre de 14, tu sens la pisse et tu es déjà mort. »

La vieillesse est inexorable et irréversible. Il n'existe pas de Jean-Michel Cohen pour m'aider dans ce combat perdu d'avance. Même Dieu, s'il existe, la laisse gagner à tous les coups. C'est pour ça qu'elle me fait plus peur que la mort.

Ce qui est terrifiant dans la mort, c'est la brèche vers l'infini qu'elle ouvre dans nos vies délimitées par un quotidien rassurant, et cette brèche nous fait si peur qu'on s'empresse de la fuir lorsqu'un proche disparaît. On la fuit en faisant le deuil, comme on dit. On a tort. Faire son deuil, c'est revenir à la médiocrité humaine, c'est le refus de la grâce, c'est le moment où l'on s'englue à nouveau dans une vie TF1, lorsqu'on organise les obsèques de sa mère avec le type des pompes funèbres comme si on achetait une bagnole...

Quand ma mère est morte, je suis allé chez Lost Funéraire. Oui, je vous jure, ça existe. Lost Funéraire, les pompes funèbres *low cost*. Leur slogan, c'est « Lost Funéraire, les obsèques sans tabou ».

Vous êtes reçu par un type qui ressemble à Laurent Romejko, et qui redouble d'obséquiosité et de compassion – ce qui est d'autant plus insupportable que vous savez bien qu'il n'en a rien à foutre de votre mère ! Il parle tout doucement, en commentant son catalogue de cercueils aux pages plastifiées, qu'il tient sur son bureau à l'envers, pour que vous puissiez voir les photos, en décrivant chaque modèle.

« Pour votre maman, je vous propose de partir sur du haut de gamme, chic mais sans ostentation. Comme par exemple la gamme Richelieu ou Mazarin. »

Partir sur du Richelieu ! Ce verbe – « partir » –, stupidement mis à la mode par tous les chefs des émissions de cuisine à la télé – « Alors je pars sur une béarnaise... ». Ce type parle du cercueil de ma mère comme d'une sauce gribiche. Mais le pire arrive ensuite.

« Ou alors, si vous voulez *vraiment* du haut de gamme, vous pouvez carrément taper dans le Rambouillet. »

Taper dans le Rambouillet ?! J'ai failli éclater de rire. Le mec parle de ma mère, d'une vie qui s'achève avec ses souffrances, en disant : « On peut taper dans le Rambouillet. » Maman – même si je ne t'ai jamais appelée Maman –, à cet instant, j'ai imaginé ton rire. Cela aura été notre seule connivence.

Ne fuyons pas la mort. Elle apporte à nos vies un souffle shakespearien.

Quand j'ai appris la mort de ma mère, j'ai écrit sur une feuille A4 : « Aujourd'hui, ma mère est morte. » Écrire cette phrase m'a procuré une sensation jusqu'alors inconnue et, j'ai honte de le dire, pas désagréable. De la même façon que les épiciers de Brel qui vont à la corrida se prennent pour Garcia Lorca, lorsqu'on écrit « Aujourd'hui, Maman est morte », on se prend pour Camus.

François Valéry – oui, je cite François Valéry juste après Camus, uniquement pour le plaisir puéril de créer un choc des cultures surréaliste –, François Valéry chantait : « N'attendons pas que la mort nous donne du talent. » Il avait raison, ce con. La mort donne du talent aux hommes. La mort donne du talent à la vie. Elle nous confronte à une situation inhumaine.

Même les plus médiocres, même les moins courageux, même les plus empêtrés de conformisme, même ceux dont le quotidien est constitué des papiers de la Maif, ceux dont l'univers culturel se limite à la chanson de Bénabar où il parle des monospaces qui possèdent un petit cercle en plastique qui fait porte-gobelet, ceux qui regardent les émissions d'Arthur sur TF1, ceux qui placent au sommet de la hiérarchie existentialiste la phrase «Chéri, t'as pensé à appeler le monsieur de Darty pour le lave-vaisselle?», même la vieille à la boulangerie tout à l'heure, qui a fait un scandale à une autre vieille qui tentait de lui passer devant dans la file d'attente sous le prétexte grossier de regarder les mille-feuilles en lui balançant d'une voix cruelle et malfaisante : «Mais madame, ce n'est pas la peine de me bousculer pour regarder les gâteaux en essayant de gagner une place, j'étais devant vous!» – même cette vieille inutile, face à la mort de son Lucien de mari, s'est soudain sentie «shakespearienne».

Pourtant, son Lucien ne lui disait pas : «Être ou ne pas être, là est la question.» Il ne lui adressait plus la parole que pour lui demander : «Qu'est-ce qu'on mange?» Ou bien : «Y reste du rivesaltes?» Ou bien encore : «Allume la télé, c'est l'heure de prendre le journal de Jean-Pierre Pernaut!» Malgré tout, quand Lucien est mort, la vieille a ressenti une sensation qui repoussait les limites de ses sentiments habituels. C'était comme si soudain elle frôlait l'infini, au point qu'elle en ressentit même un vertige. Alors, comme la plupart des gens confrontés à cette situation, comme nous tous, elle a eu peur. C'était trop fort pour elle. Elle avait besoin d'être rassurée, de retrouver ses repères d'humaine.

Nous réagissons tous comme elle. On croit qu'on a peur de la mort, mais non, pas du tout. On a peur du niveau de conscience qu'elle nous donne. Peu à peu, l'homme a abandonné toute exigence intellectuelle et spirituelle pour se limiter à la recherche d'un bien-être ordinaire. Si l'on trace trois courbes depuis le siècle de Périclès jusqu'à nos jours, l'une représentant les progrès scientifiques de l'humanité, la deuxième ses progrès sociaux, et la troisième ses progrès intellectuels et spirituels, on constate l'effrayant contraste entre la spectaculaire progression de la première courbe, la hausse moins marquée mais constante de la deuxième jusqu'à la fin du XXe siècle, et son inversion depuis une quinzaine d'années, la quasi-horizontalité de la troisième, légèrement à la hausse jusqu'au siècle des Lumières, qui redescend même peu à peu vers la barbarie depuis quelques décennies. On aura compris que le recul du progrès social dû à la mondialisation va de pair avec la régression intellectuelle et spirituelle.

Et lorsque je parle des barbares, il s'agit de la barbarie ordinaire, de notre abandon de toute ambition éthique ou intellectuelle pour consacrer notre vie à la recherche d'un bien-être ordinaire et limiter nos efforts de créativité à faire du fric ou à faire l'amour.

Prenez cet homme affalé sur le canapé du salon devant la télé qui diffuse « Les Z'amours ». L'attention de cet homme est soudain distraite de Bruno Guillon – mais comment est-ce possible ? –, car son regard est attiré par une fissure au plafond. Il se dit qu'il faudrait appeler « quelqu'un » pour la réparer. Parfois, il arrive que l'imagination prenne le pouvoir, que cette fissure évoque pour lui autre chose qu'un plâtrier incompétent, et qu'il se mette à rêver sur cette fissure. Jamais il ne pensera au plafond de la chapelle Sixtine, avec le doigt de Dieu tendu vers Adam. Non, le Y que dessine la fissure au plafond du salon lui fera penser à la petite chatte de Sandrine de la compta, qu'il a invitée dans une pizzeria de centre commercial avant de la sauter à l'Ibis de la patte d'oie d'Herblay. L'exigence des hommes en matière de qualité de vie est au niveau de ce que sont Hollande, Sarkozy et Macron en matière d'idéal politique. Égoïsme, médiocrité et opportunisme.

Voilà pourquoi, au moment où la mort d'un proche leur offre le plafond de la chapelle Sixtine, ils refusent. Ils fuient, ils préfèrent revenir à la fissure dans l'enduit du plafond, à la petite chatte de Sandrine de la compta et au bruit de débouche-évier sur une escalope que font leurs corps lorsqu'ils baisent à l'Ibis de la patte d'oie d'Herblay.

Le type des pompes funèbres rassure ceux que la mort d'un proche terrifie, confrontés qu'ils sont à l'infini. Avec son catalogue de Richelieu, de Mazarin ou de Rambouillet, il nous dit : « Ce n'est pas le plafond de la chapelle Sixtine que vous voyez au plafond du salon, mais juste une fissure dans l'enduit. C'est pas du Michel-Ange, mais le plâtrier qui vous a salopé le travail. Vous pouvez faire jouer la garantie décennale. »

Quand ma mère est morte, et que je quittai l'hôpital après avoir regardé une dernière fois sur son lit de mort ce visage inconnu de très vieille dame moustachue et édentée, la mort est venue me prendre par le bras avec une bienveillance terrifiante et m'a soufflé à l'oreille : « Maintenant, tu es en première ligne, mon Guy. Tu vas souvent penser à moi. » Étonnamment, ça ne m'a pas fait peur. J'ai même commencé à y songer avec une certaine sérénité. C'est fou comme on s'habitue.

Je me souviens de Chabrol invité de « On ne peut pas plaire à tout le monde », qui nous disait benoîtement : « Pas un jour sans que je pense à la mort. » À cette époque, je me demandais comment il pouvait vivre avec cette pensée permanente, alors que moi-même, quand je pesais 250 kilos, je n'y pensais pas.

Je me suis donc habitué à vivre avec elle.

Je la sens de plus en plus présente. Elle s'approche de moi, de plus en plus souvent, de plus en plus longtemps, au point que, parfois, le matin au réveil, elle est là, bien installée dans mon âme, dans mon corps, dans « mon Guy ». Alors, je reste un long moment immobile, les yeux ouverts, en attendant qu'éblouie par le jour qui se lève et par la joie de vivre qui m'envahit à nouveau elle se résigne à me laisser tranquille. Comme la banquise sous l'effet du réchauffement climatique, je vois ma vie qui fond au fur et à mesure du temps qui passe, et des pans entiers de moi que la vieillesse détache s'enfoncent et s'engloutissent dans les eaux glacées de la mort.

Je sais déjà comment ça va se passer. Ça commencera par un déroulant au bas de l'écran d'une chaîne d'info, sur lequel on lira : « Le chroniqueur Guy Carlier est mort. »

Ils seront un peu dans la merde, parce que mon statut médiatique n'est pas suffisamment important pour faire une spéciale où les pleureuses habituelles viennent se faire de la pub dès qu'une célébrité meurt, comme Jacques Séguéla qui raconte sa relation avec le défunt en disant : « Il aimait prendre son petit déjeuner avec moi... » Ce type-là a passé sa vie à prendre des petits déjeuners avec des célébrités décédées.

Et puis, dès que quelqu'un un peu connu meurt, il y a Drucker. Et l'on mesure la popularité d'un mort grâce à l'échelle de Drucker. Soit il fait une émission spéciale, soit il se déplace sur le plateau du JT, soit il intervient par téléphone en disant : « Je viens d'apprendre la nouvelle à la fin des répétitions de "Vivement dimanche"... » Quand je mourrai, sur le déroulant en bas de la chaîne d'info, il y aura écrit : « Les obsèques se dérouleront à Argenteuil », et

Drucker, par téléphone répétera ce qu'il m'a dit un jour, dans un ascenseur à Europe 1 : « Chaque fois que je vais en Normandie et que je vois le panneau Argenteuil, j'ai envie de sortir de l'autoroute pour voir où Carlier a grandi. »

Sur le trottoir du faubourg Saint-Honoré, en face de l'église Saint-Roch, ils installeront des barrières en alu vaguement surveillées par un flic en faction qui calculera de tête ses jours de RTT. Très vite, un attroupement se formera derrière les barrières, pour regarder les voitures aux vitres teintées, qui s'arrêteront un court instant devant l'église et laisseront descendre des demi-people. Après un bref regard vers la foule entassée, juste le temps qu'on les reconnaisse malgré leurs lunettes noires et qu'on photographie leur désarroi, ils entreront dans l'église. Derrière, les gens feront des commentaires. Une dame permanentée revenant du marché poussera sa voisine du coude en disant : « Regardez, c'est Fogiel ! » L'autre répondra : « Il a l'air plus gentil en vrai qu'à la télé. » Un bobo à queue de cheval pour faire une diversion à sa calvitie, tenant un vélo à la main et contrarié de voir la rue neutralisée par les obsèques, demandera : « On enterre qui, aujourd'hui ? » Quand le flic en faction pour garder la foule répondra : « Carlier ! », je suis sûr que la dame qui trouve Marco plus gentil en vrai dira : « C'est le gros qui était si méchant ? »

Un jour, à Cannes, parmi le public entassé derrière les barrières en alu pour voir passer des stars dont elles ont oublié le nom – « Mais si, tu sais, c'est la fille qui joue dans... » –, voyant passer Jean Rochefort, une dame l'interpella en gueulant : « Hé, Amaguiz ! », du nom d'une pub que le comédien avait tournée probablement pour solder un reliquat d'impôts. Rochefort s'arrêta, comme foudroyé. Il marqua un temps, puis se retourna avec élégance et lança à la dame : « Amaguiz, oui... Entre autres. »

Alors, le jour de ma mort, au moment où vous entendrez la dame qui dira : « Ah, oui ! C'est le gros qui était si méchant ! », promettez-moi de penser : « Entre autres... »

Rideau !

12

SURTOUT, LISEZ ÇA !
(REPRISE)

Sgt. Pepper's Lonely Hearts Club Band (reprise)

Je n'étais pas mécontent de ce « Rideau ! » à la fin du chapitre précédent, qui devait conclure ce livre. Et puis, à la réflexion, ce mot m'est apparu exagérément prétentieux et déclamatoire pour un ouvrage qui raconte tout simplement l'histoire d'un type qui a perdu du poids. Pourquoi pas carrément balancer du Victor Hugo et le sentencieux « Bon appétit, messieurs » de *Ruy Blas*, pendant que j'y étais ?

Il faut savoir rester humble et prendre conscience que, lorsqu'on écrit un livre qui s'intitule *Moins 125*, l'ambition littéraire doit se porter davantage vers Sophie Favier que vers Victor Hugo. D'autant – et on me pardonnera cette attaque au physique – que, s'il fut un génie littéraire, Victor Hugo a une image désastreuse sur le plan diététique. Est-ce par pudeur qu'il n'a jamais éprouvé le besoin d'écrire sur ce drame intime ? Ah, ça, pour rédiger *La Légende des siècles* et l'œil de la conscience qui poursuit Caïn jusque dans sa tombe, il assure ! Mais pour évoquer son obésité et les régimes qu'il a suivis sans succès, il est aux abonnés absents. Dieu merci, ce qui manque dans l'œuvre de Victor Hugo se trouve dans celle de Sophie Favier, puisque cette dernière a eu le courage d'écrire *Comment j'ai perdu 10 kilos en trois mois*, un ouvrage de référence, qu'elle a eu la pudeur de ne pas conclure comme je l'ai fait par un « Rideau ! » emphatique. Le fait qu'elle ne connaisse pas le mot « emphatique » n'en constituant pas la seule raison.

Il faut savoir rester modeste dans ses ambitions littéraires, disais-je, lorsqu'on écrit un livre de régime. Car, au bout du compte, quelle différence entre le *Comment j'ai perdu 10 kilos en trois mois* de Sophie Favier et mon *Moins 125* ? L'histoire d'amitié avec Jean-Michel Cohen ? Sophie Favier a vécu la même avec… le nutritionniste Pierre Dukan, et moi je me la pète. Merci, Sophie, pour cette leçon d'humilité !

Ce n'est pas la première fois que Sophie Favier me donne une leçon d'humilité. Avant, il y eut Marrakech…

13

L'AMOUR MONSTRE

A Day in the Life

Je vous dois l'explication des sous-titres de chapitres reprenant les chansons de l'album culte *Sgt. Pepper's Lonely Hearts Club Band* des Beatles.

Vous pensez sans doute que je fais preuve d'une certaine audace ou, pour le moins, d'un manque de modestie. Il n'en est rien et, si ce chef-d'œuvre musical est présent tout au long de cet ouvrage, c'est tout simplement parce qu'il accompagne ma vie en permanence, et qu'en écrivant ce livre je me suis amusé à trouver des équivalences entre les chansons du disque et les chapitres du livre. Par exemple, lorsque j'ai pris conscience qu'à soixante-quatre ans cet amaigrissement allait s'achever avec le début de la vieillesse décrite par Paul dans *When I'm Sixty-Four*, que le *Fixing a Hole* des junkies collait parfaitement à l'addiction boulimique, que l'histoire d'amitié avec Jean-Michel Cohen méritait bien *With a Little Help from My Friends*, et que *Getting Better* accompagnait parfaitement ma rédemption, alors je me suis pris au jeu et, comme sur *Sgt. Pepper's Lonely Hearts Club Band* la chanson d'ouverture est reprise à la fin, j'ai commencé et terminé ce livre par le même titre de chapitre, complété de la précision « reprise ».

Ce parallèle est davantage qu'un jeu. Car, dans le disque, à la fin de la dernière chanson, l'ovation d'une salle de concert nous laisse penser que c'est terminé, que tout est dit. Mais peu à peu les applaudissements laissent la place à de timides accords de guitare, qui semblent venir d'ailleurs, un peu comme si les Beatles nous disaient : « Ce n'est pas fini, et les chansons que vous venez d'entendre ne sont que les étapes d'un chemin initiatique qui nous a menés vers *A Day in the Life*, qui n'a rien à voir avec les autres titres de ce disque mais en donne tout le sens. »

De la même façon, j'ai écrit les chapitres de ce livre comme autant de chansons, dont chacune racontait un combat contre la boulimie et l'obésité morbide, et je pensais l'avoir terminé avec « La fin de la faim ». Avec un début, une fin – pas très gaie –, mais au moins ça faisait un bouquin cohérent.

J'aurais pu m'arrêter là.

Mais je me suis rendu compte que je ne pouvais terminer le livre sur cette victoire au goût amer. Car, paradoxalement, je ne me suis jamais senti aussi heureux. Il est possible que je me sois allégé au point de toucher les étoiles. Je suis vieux, peut-être, mais je connais dorénavant le sens de ma vie. Je suis enfin parvenu à m'aimer.

De la même façon que le seul moyen de tuer un vampire consiste à lui planter un pieu en plein cœur, la seule façon de tuer définitivement le monstre était de lui planter le Grand Amour en plein cœur.

Et de le transformer en Amour Monstre.

Alors, en guise de conclusion, voici mon «A Day in My Life». Il s'intitule «L'Amour Monstre».

L'obésité est mon carbone 14. De mon enfance sportive et svelte jusqu'à ma cinquantaine quart-de-tonnesque, je peux dater chaque époque de ma vie en fonction de mon poids. L'âge d'or de ma boulimie se situe entre vingt-cinq et cinquante-cinq ans. Pendant ces trente glorieuses, je suis passé de 125 à 250 kilos.

J'aimais comme je mangeais. Compulsif, solitaire, égoïste, et désespérément triste. Pourtant, je n'ai eu de cesse de chercher le Grand Amour. Je n'ai eu de cesse de séduire les plus belles femmes en leur faisant oublier mon image. De la même façon que j'outre-mangeais, j'outre-aimais. Plus je me détruisais, plus je devenais monstrueux, plus je voulais séduire. Je leur donnais des torrents d'amour, jusqu'au moment où je lisais dans leurs yeux: «C'est fou, on oublie qu'il est tellement gros, et on l'aime malgré tout!» Et que, étonnées par ces mots qui sortaient de leur bouche, elles finissaient par dire: «Je t'aime, mon Guy.» Et chaque fois qu'elles prononçaient cette phrase – car elles finissaient toujours par la prononcer, même quand je pesais 250 kilos –, le Monstre se marrait en me disant:

«Mais tu sais très bien que ce n'est pas *elle* que tu cherches. Et puis tu vas faire quoi, maintenant qu'elle a dit "je t'aime"? Tu vas vivre avec elle? Tu vas te montrer nu le soir avant de te coucher à ses côtés? Tu vas vivre sans faire la moindre crise de boulimie, sans manger dix croissants dans la voiture le matin quand tu iras en acheter deux pour elle? Tu vas lui faire l'amour? Comment? Tu vas monter sur elle? Mais tu vas l'écraser comme une merde, mon pauvre vieux! Laisse-moi rire! Bon, alors tu vas la faire monter sur toi... Mais même ça, ce n'est pas possible, tant elle va tanguer sur ton ventre comme une otarie sur un ballon. Alors laisse tomber. »

Je finis par laisser tomber. Je vivais donc seul, et ma façon de vivre avait évolué en fonction de mon évolution physique. Au paroxysme de mon obésité, c'est-à-dire il y a une quinzaine d'années, je m'étais installé dans une routine quotidienne adaptée à mon surpoids et à ma boulimie. Lever très tôt, écriture à jeun des chroniques que j'allais dire à la radio, et, dès le retour à la maison, canapé, télé et boulimie quasi permanente, en position couchée.

Je ne sortais plus le soir, et j'inventais des excuses grossières à mon ex-femme pour passer mon tour lors du « week-end sur deux » des divorcés. Jusqu'à 200 kilos, j'avais encore la force de m'occuper de mon fils lorsque j'en avais la garde, et, même si ça constituait un calvaire pour moi, je l'emmenais au foot, à Eurodisney ou au Jardin d'Acclimatation, et je donnais le change, attendant qu'il dorme pour débrider mes pulsions boulimiques, le laissant à deux rues du lycée lorsque je l'y emmenais. Nous n'en parlions pas, mais nous savions tous les deux pourquoi je le lâchais si loin en disant : « Je te laisse là parce que devant l'école c'est toujours embouteillé. » Il jouait le jeu, faisait semblant d'avoir un père normal. J'imagine les efforts que ça a dû lui coûter et le prix qu'il les a payés.

Le plus douloureux, pendant ces années infernales, fut que, paradoxalement, les seuls êtres que j'aimais sincèrement ne pouvaient pas m'aimer. Et il n'est rien de plus humiliant que de lire de la pitié dans les yeux de ses fils lorsqu'on y cherche de l'amour.

Malgré cette solitude pathétique, je poursuivais sans trêve ma quête éperdue du « grantamour ». Si j'ai écrit ces deux mots de manière grotesque, c'est que cet incessant désir de séduction *était* grotesque. Je l'ai déjà dit, je parvenais pourtant à mes fins. Malgré tout, j'ai essayé de vivre avec certaines femmes. Mais il est insupportable pour un boulimique de se sentir aimé. Parce qu'il se déteste tellement qu'il finit par détester ceux qui l'aiment et par leur en vouloir.

Je les ai toutes détruites, broyées, avalées en trichant sans cesse, en mentant comme mentent tous les addicts. À cette différence : dans le cas de la boulimie, on inflige à l'autre l'image permanente de sa destruction physique. Comme je leur en voulais d'aimer cet homme que je détestais, j'étais méchant, et je finissais toujours par les jeter sur le bord de ma route, déchirées et salies comme les emballages de bouffe que je jetais à la poubelle.

L'une de ces femmes, avec laquelle je vécus avant de la trahir pour un autre faux amour, me décida à sortir de ma tanière, et nous partîmes quelques jours à Marrakech...

J'avais planifié ce voyage de façon à faire le moins d'efforts possible. Un véhicule avec chauffeur se tenait en permanence à ma disposition pour m'emmener à la porte des lieux où je désirais me rendre. Mais je ne sortais quasiment pas de la Mamounia, laissant ma compagne du moment visiter la ville. Et je profitais avec délice de chacune de ses absences en me faisant monter de copieux room services. En voyant sur un magazine une photo de Demis Roussos qui passa sa vie en djellaba, je compris que celle-ci constituait le vêtement idéal pour les obèses, et je fis prévenir le chauffeur que je désirais me rendre au souk afin d'en acheter une.

Pour arriver au souk, il faut traverser la place Jemaa-el-Fna, interdite aux véhicules. Mais mon chauffeur, arguant de mon statut de « vu à la télé », convainquit sans difficultés les flics d'ouvrir les barrières, et il m'amena à l'entrée de l'allée principale du souk.

En descendant de voiture, je faillis heurter un aveugle qui tenait une sorte de perche à laquelle étaient accrochées des mains de Fatima en étain. Le chauffeur s'excusa pour moi auprès de l'aveugle, et m'expliqua que cet homme était une personnalité très populaire et respectée, car on disait que, bien qu'il soit aveugle, il était capable de voir au plus profond de chacun. Par ailleurs, il prédisait l'avenir sans jamais se tromper, et sans demander d'argent. Exactement l'inverse d'Élisabeth Tessier, pensai-je.

Pour m'excuser de l'avoir bousculé, je décidai de lui acheter une de ses breloques. Il la décrocha de son bâton, l'emballa avec soin dans du papier crépon, et me la tendit. Lorsqu'il sentit ma main, il la serra et la garda un long moment dans la sienne. Et lorsque enfin il la lâcha, il dit d'une voix douce : « Toi, il faut t'aimer. » « À qui le dites-vous ! », répondis-je en rigolant, pour dédramatiser la solennité avec laquelle il avait prononcé cette phrase. Pourtant, j'étais bouleversé.

Malgré l'écran blanc de ses pupilles, j'avais l'impression qu'il me perçait à nu. J'eus du mal à quitter cet homme, et lui avait du mal à me laisser partir. Il reprit ma main dans la sienne à plusieurs reprises, psalmodia des phrases en arabe, dans lesquelles le nom d'Allah était omniprésent, puis il me souhaita bonne chance, et nous nous séparâmes enfin.

Je commençai à marcher péniblement dans le souk. Devant chaque échoppe, des rabatteurs me hélaient en criant : « Eh, m'sieur, viens voir ! J'ai tout ce que tu veux dans ta taille. » Après avoir cédé à deux d'entre eux, qui me présentèrent leurs plus grands modèles que je n'essayai même pas tant, au premier regard, je vis qu'ils étaient bien trop petits, je m'apprêtais à quitter le souk lorsque l'un me lança : « Je vais t'emmener chez mon cousin. C'est lui qui habille les gros de la télévision. » Je le suivis au prix d'un effort éléphantesque vers une boutique plus grande et plus propre que les autres, sur la vitrine de laquelle était scotchée une photo de Sophie Favier. Le rabatteur me montra la photo du menton en lançant fièrement : « Tu vois, je n'ai pas menti ! Mon cousin est un spécialiste des gros de la télévision. »

Dans la boutique, trois types assis buvaient du thé et, en me voyant, l'un d'entre eux se leva d'un bond en hurlant « Ah, mon frère ! », et vint m'embrasser chaleureusement en me serrant contre lui. Puis, me tenant par le cou, il dit aux autres : « Monsieur Carlier, on ne peut pas plaire à tout le monde. Ah, toi, tu les manges tous. C'est pour ça que tu es si gros ! » Et il me serra de nouveau contre lui en riant.

Il sentait le souk, un mélange d'odeur de bouffe, de tissus satinés *made in China*, d'huiles essentielles et de chiens efflanqués. Il finit par se détacher de moi pour lancer d'une voix forte et autoritaire toute une série d'ordres à ceux qui l'entouraient. Tous se mirent à courir. L'un alla chercher dans l'arrière-boutique un tapis qu'il déroula devant la boutique au milieu de l'allée du souk. Il m'emmena vers le tapis en répétant aux badauds qui s'approchaient : « C'est Guy Carlier de Fogiel ! » Je me fis la réflexion que ce « de Fogiel » donnait à mon nom un titre de noblesse. Et, de même qu'il y avait la noblesse d'État, la noblesse d'Église, il y avait la noblesse de télé. La princesse Marina de Burger Quizz, le comte Dedienne de Barthès, et le con Verdez d'Hanouna. Moi j'étais Guy Ier le Gros de Fogiel.

Deux ados s'approchèrent de nous en tenant un fauteuil si lourd qu'ils avaient du mal à le porter. Ils poussaient de grands cris pour écarter les passants et, dans un dernier geignement d'effort, ils le déposèrent avec soulagement sur le tapis. « Prends place sur le trône, tu es le roi du souk, mon frère ! », déclara le styliste de Sophie Favier. Une fois que je fus assis, on entoura mon trône de tables basses, sur lesquelles on servit du thé, des nourritures et des friandises de toutes sortes provenant des boutiques alentour : kebabs, olives, gâteaux luisant de sucre et d'huile que l'on voit à Argenteuil en période de ramadan. Un coiffeur vêtu de sa blouse blanche m'offrit des fioles d'huiles essentielles, en ouvrit une et, après avoir posé une serviette sur mes épaules, commença à me masser le cou. Les gens s'attroupaient dans l'allée autour de nous et me regardaient manger et boire, tandis que le gars en blouse blanche me triturait les cervicales.

Je finis par dire au boss du magasin :

« Merci, vraiment, c'est très gentil ! Mais je suis venu voir si vous aviez ma taille en djellaba...

– Oui, mon frère. Une djellaba cousue par les Bédouines, avec du fil d'or, où tu pourras mettre le ventre. Ne t'inquiète pas et continue à manger ! »

Il rentra dans sa boutique et, lorsqu'il revint avec une djellaba blanche, très belle effectivement, je pensai qu'elle avait d'autant moins de chances de m'aller qu'il me la fit essayer sur mon tee-shirt et en position assise sur le trône, devant la foule qui nous encourageait.

La foule se mit à applaudir lorsqu'il fit passer ma tête, et une véritable ovation salua le passage de mes épaules dans la djellaba. Malheureusement, dès qu'il arriva au début de mon ventre, il dut se résoudre à renoncer. Les coutures commençaient à craquer. Devant le « Oh ! » de déception du public, le patron du magasin, vexé, lança : « Je ne comprends pas, avec Sophie Favier, j'ai pas eu de problème ! »

Je le rassurai en lui disant : « C'est normal. Elle a dû venir ici *après* ses trois mois de régime Dukan... » Et à cet instant, le silence se fit dans la foule.

Non, ce n'était pas le nom de l'ex-coco girl qui faisait taire la foule, mais la perche brandie par l'aveugle de la place qui imposait un silence respectueux. Quand le silence fut total, il posa son bâton et s'adressa au patron de la boutique : « Tu dis qu'il a un gros ventre parce qu'il mange les autres, tu te trompes. Son ventre est gros parce qu'il est rempli de haine. »

Il se retourna alors vers moi. Sans me voir, il me regarda un long moment en silence, et finit par dire : « Ce ne sont pas les autres qui sont dans ton ventre. C'est toi. Car c'est toi que tu détestes le plus au monde. Tu ressembles à un monstre, mais, si tu apprends à t'aimer, tu pourras donner un amour monstre. »

L'aveugle disparut, dévoré par la foule du souk, et je descendis de mon trône ubuesque. Le patron de la boutique était sincèrement déçu, et je n'eus pas le cœur de refuser lorsqu'il me demanda, les larmes aux yeux : « Tu veux bien qu'on prenne une photo ? Mais tu tiens la djellaba devant toi. »

Je suis retourné à Marrakech avec Europe 1 il y a quelques mois. Je suis allé au souk, et j'ai retrouvé l'échoppe dans laquelle j'avais fait péter les coutures d'une djellaba. Ma photo était toujours collée au mur. Avec 125 kilos de plus. Le vendeur était le même qu'à l'époque. Il me serra dans ses bras avec émotion, et il me dit :

« L'aveugle vient souvent me demander si tu es revenu. Tu veux que je le fasse prévenir que tu es là ?

— Non, dis-lui juste que j'ai toujours sa main de Fatima.
— Je vais lui dire aussi que tu as maigri.
— Non, dis-lui juste qu'aujourd'hui j'ai appris à m'aimer. Et que le monstre est devenu l'amour monstre... »

Ce que je vous ai raconté n'a rien d'extraordinaire, je n'en tire aucune fierté. Je ne voulais même pas parler de moi. La moitié de ces 250 kilos perdus ne présente aucun intérêt. C'est vous dont je parle. Je m'adresse à ceux qui, dans la solitude et la souffrance, cachent leur désamour. C'est une chronique de la honte ordinaire et du monstre lové dans l'âme de chacun de nous.

Si un jour, dans le souk de Marrakech, un type vous invite à le suivre en disant : « Les vedettes de la télévision viennent chez moi », vous risquez d'être déçu en voyant, collées sur sa vitrine, une photo de Sophie Favier à côté d'une autre sur laquelle on voit un Carlier de 250 kilos qui tient dans les mains une djellaba dont il a explosé les coutures. Alors, pensez à l'aveugle de la place Jemaa-el-Fna, et écoutez-le vous dire : « Il faut t'aimer. »

À cet instant, je suis sûr que vous entendrez dans cette allée du souk de Marrakech l'accord de piano majestueux et interminable qui clôt *Sgt. Pepper's Lonely Hearts Club Band*, qui balaie d'un revers méprisant l'angoisse de l'âge et du temps qui passe, et qui chasse le monstre lové au plus profond de nos âmes, pour laisser place à l'amour monstre.

JEAN-MICHEL COHEN

DIEU, LA VIE, L'AMOUR, L'AMITIÉ, LA MORT...
Et une petite boule sur l'épaule de Guy Carlier

Lorsque Guy m'appelle, ce jour-là, à Jérusalem, je suis en plein désarroi. Mon gendre, que je considère comme le fils que je n'ai pas eu, souffre d'une maladie incurable, et, comme chaque fois qu'un être cher agonise, on vit soi-même une agonie mentale.

Ce voyage en Israël est, comme pour tout juif, chargé d'une émotion particulière, et le mur des Lamentations représente l'un des symboles d'une partie de mes racines et de ma culture. Suis-je vraiment croyant? Les médecins, dans leur majorité, sont agnostiques, parce que leurs connaissances les font douter de tout ce qui est irrationnel. Mais il s'agit bien souvent d'une posture, car, au fond, aucun médecin n'a la moindre certitude sur ce qui se cache derrière ce que Socrate appelait la « dernière porte de la connaissance », c'est-à-dire la mort.

J'en suis là. Je ne sais pas. Je ne peux donc répondre à la question « Suis-je croyant ? » Mon côté rationaliste me fait considérer certains rituels religieux avec le regard que j'accorde aux astrologues, voyantes ou autres groupes sectaires. Pourtant, j'ai constaté mille fois dans l'exercice de la médecine que les êtres les plus cartésiens, lorsqu'ils sont face à un phénomène qu'ils ne peuvent maîtriser, sont capables de s'en remettre à n'importe quel imposteur cupide – ce qui fait la fortune des charlatans qui promettent des guérisons miraculeuses. Dans les situations désespérées, les êtres les plus rationnels sont prêts à trouver de l'espoir dans des pratiques qui, en temps normal, les feraient sourire.

Voilà pourquoi ce jour-là, à Jérusalem, moi le sceptique, moi qui en temps ordinaire considère l'idée de glisser un petit papier avec un vœu dans un mur aussi peu que lire l'oracle sur les petits papiers que l'on trouve dans les *fortune cookies*, j'étais dans un tel désarroi moral que je m'apprêtais à demander à Dieu, quel qu'il soit, de sauver ce garçon que j'aime. Si j'avais pu, c'est une lettre de vingt pages que j'aurais glissée dans le mur, pour expliquer à quel point ce garçon était un être exceptionnel, que son agonie était celle d'une famille dont il était devenu le fils. Et que, s'il nous quittait, c'est nous tous qui allions un peu mourir.

Ce drame reléguait au second plan d'autres zones de turbulences dans d'autres domaines de ma vie, notamment un acharnement de l'ordre des médecins à mon égard auquel, si j'avais eu une once de lucidité, j'aurais répondu avec diplomatie, mais que ma souffrance me poussa à ignorer.

Je ne désirais qu'une chose : être dans le silence, rester seul avec ma douleur et mon désespoir. Et ce jour-là, en me rendant au mur des Lamentations pour glisser ce papier sur lequel j'implorais la clémence de Dieu, je ne voulais de contact avec personne, je ne répondais à aucun mail, à aucun appel.

Alors pourquoi ai-je décroché lorsque j'ai vu le prénom de Guy s'afficher sur l'écran de mon téléphone ? Parce que c'est mon ami, bien sûr. Mais j'ai d'autres amis très chers dont j'ai probablement ignoré les appels ce jour-là. Peut-être parce que Guy m'a appelé à un moment où ma douleur était si exacerbée que son intrusion constituait une diversion.

Évidemment, son « cancer » était l'une de ses paranoïas habituelles sans gravité et, une fois rassuré, il me demanda ce que j'étais en train de faire. Lorsque je lui répondis que je me rendais au mur des Lamentations, sans lui préciser les douloureuses raisons qui m'y menaient, il s'excusa de cet appel dérisoire au milieu d'un rituel sacré, qui faisait penser à un film de Woody Allen qui s'intitulerait *Dieu, la vie, l'amour, la mort... Et une petite boule sur l'épaule de Guy Carlier.*

Guy me lança en plaisantant : « Pendant que tu y es, glisse dans le mur un petit papier sur lequel tu prieras pour que cette petite boule, là, sur mon épaule, ne soit pas une métastase ! » À cet instant, je sentis monter en moi un geyser de rire qui traversa mon océan de souffrance, et j'éclatai de rire comme un crétin, au pied du mur des Lamentations.

Ce jour-là, j'ai rassuré Guy, mais lui aussi, sans le savoir, m'a aidé. Et c'est avec lui que j'ai glissé ce petit papier dans le mur des Lamentations. Peut-être, inconsciemment, ai-je pensé que la noblesse et la force de notre amitié étaient capables de pousser Dieu à faire un miracle.

M LE MAUDIT

P armi les valeurs que m'ont transmises mes parents, l'une des plus importantes à mes yeux est la fidélité. En amour, bien sûr, mais également en amitié. Rien n'est plus pitoyable que les gens qui se détournent d'un ami dès que celui-ci traverse une période de détresse sur le plan de sa situation physique, professionnelle, financière ou sentimentale. Voilà pourquoi j'ai tenu à chaque occasion à prouver à Jean-Marc Morandini qu'il était et restait bien évidemment mon ami dans l'incroyable tempête médiatique qu'il a traversée à l'époque de cette soirée à laquelle je l'avais convié avec Guy. Par ailleurs, je ne supporte pas les lynchages médiatiques, et celui dont était victime Jean-Marc était d'autant plus violent et important que tous ceux à qui il avait déplu un jour ou l'autre dans son émission populaire consacrée aux médias sur Europe en profitaient pour régler leurs comptes et réclamaient sa mise à mort. C'est dans ces situations que l'on voit ses vrais amis, et je méprise les amitiés intéressées. Voilà pourquoi j'avais décidé de réunir Guy et Jean-Marc, d'autant qu'ils avaient eu des relations houleuses dans le passé. Mais j'appréciais que Guy n'ait pas saisi prétexte de ce passé conflictuel pour lui aussi régler ses comptes et se joindre à la meute accrochée aux basques de Morandini.

LES CONSTRUCTIONS MÉCANIQUES DE L'OBÉSITÉ

On ne sait toujours pas aujourd'hui si l'obésité est un état ou bien une maladie. On sait seulement qu'elle est constituée par une équation déséquilibrée entre la consommation et la dépense d'énergie.

C'est une évidence assez simple à comprendre : si vous consommez autant d'énergie que ce que vous dépensez, votre poids reste stable ; si vous consommez plus d'énergie que ce que vous dépensez, votre poids augmente ; et si vous consommez moins que ce que vous dépensez, votre poids diminue. C'est la raison pour laquelle on introduit notamment le sport dans le traitement des surpoids, pour augmenter la dépense d'énergie – ce qui déséquilibre l'équation.

On ne dit également jamais que plus on grossit, plus on remplit nos cellules de graisse. Mais on crée un nouveau mécanisme, qui consiste en une augmentation du nombre de cellules dans le tissu gras. On appelle cela l'hyperplasie du tissu adipeux. Elle renforce la «facilité» à grossir, et rend beaucoup plus difficile l'amaigrissement. Voilà pourquoi la multiplication des régimes – et notamment des mauvais régimes – entraîne cette fameuse hyperplasie du tissu adipeux... qui rend si difficile la perte de poids.

Il faut absolument distinguer les causes psychologiques qui poussent un individu à manger plus que ce qu'il souhaite consommer, la nourriture n'intervenant plus, dès lors, comme un aliment, mais comme un médicament, quasiment comme un outil de substitution pour traiter les douleurs, les angoisses, les névroses. Notre société, beaucoup plus qu'autrefois, génère stress et anxiété, qui trouvent un «sédatif» notamment dans l'alimentation.

On sait aussi que des modifications hormonales interviennent dans la prise de poids, et, beaucoup plus récemment, on a encore découvert que les modifications de l'environnement, l'apparition de nouvelles substances comme les perturbateurs endocriniens, contribuent à la prise de poids.

Enfin, on ne parle pas suffisamment de ce que j'appellerais les «causes sociales» de l'obésité... Tout le monde sait que l'on grossit en mangeant trop, mais on oublie souvent de parler du «manger mal», qui constitue un problème majeur de l'obésité dans la société actuelle.

Notre modèle alimentaire se construit au travers de ce que nous apprenons de nos parents, et ce modèle s'est déformé avec la mondialisation de la nourriture et l'augmentation pléthorique de l'offre alimentaire, qui ne se situe plus seulement au niveau de la maison, du restaurant ou de la cantine, mais d'une tentation qui s'offre à chaque pas que nous faisons dans la rue, depuis la création de ce qu'on appelle la *street food*, autrefois représentée exclusivement par les fast-foods, mais désormais incarnée par tant d'autres propositions. En dehors de ces McDo, Burger King et autres KFC, qui sait par exemple que pour confectionner les sushis, on utilise un riz sucré à la dose de deux cuillères à soupe pour 700 grammes de riz – ce qui contribue à créer une addiction qui va renforcer notre appétit, et qui entraîne finalement à dépasser la quantité raisonnable de sushis ?

Une des inégalités principales tient à ce que la nourriture est forcément de moins bonne qualité quand le prix de ce que l'on achète est moindre. J'ai déjà eu l'occasion d'expliquer dans mes livres par exemple la différence de composition entre des confitures «bon marché» et des confitures «haut de gamme». Dans les premières, on met plus de sucre et moins de fruits ; dans les secondes, plus de fruits et moins de sucre. Plus de calories pour les consommateurs des premières, qui n'ont pas les moyens d'autre chose.

Il en va de même pour de nombreux autres produits. Moins le prix d'un plat préparé est élevé, plus il a de chances d'être beaucoup plus calorique qu'un plat de première qualité. Par exemple, le jambon, qui est un des produits de consommation courante des Français, est, dans sa version la moins chère, composé d'épaule de porc, plus grasse que la cuisse de porc.

Autre exemple. L'industrialisation du pain s'est faite en renforçant la teneur des pains engraissés en sucre pour en améliorer la conservation. Au lieu de manger 60 grammes de pain du boulanger – qui ne contient que de la farine, de l'eau et du levain –, on finit par manger un pain qui contient de la farine, de l'eau, du levain, mais également un peu de graisse.

Toute l'alimentation industrielle se décline de cette façon. C'est ainsi que l'une des inégalités sociales les plus criantes se situe au niveau alimentaire. Les supermarchés n'ont pas pour vocation d'apporter de la nourriture à la population, mais de faire du profit en faisant du commerce alimentaire. À cet effet, ils utilisent tous les subterfuges possibles, de façon à nous faire acheter plus de produits que ce dont nous avons besoin.

Pour en terminer avec le domaine des inégalités, il est évident que le cadre supérieur qui consacre une heure trois fois par semaine à s'entraîner avec son coach sportif a probablement beaucoup plus de chances d'augmenter sa dépense d'énergie de façon efficace et saine que la caissière de supermarché qui travaille assise toute la journée et qui, épuisée par sa journée de travail, n'a ni le temps ni l'envie de pratiquer un exercice physique.

Alors oui, mangeons des fruits et mangeons des légumes, comme le préconisent les campagnes institutionnelles. Mais faut-il les manger au sirop parce qu'ils sont moins chers, ou bien frais et bio à un prix inabordable chez le légumier du 17e arrondissement ?

On avait jadis créé dans le métro parisien trois classes. Nous voici avec ces trois classes dans l'alimentation – première classe du haut de gamme, deuxième classe des marques moyennes, et troisième classe du bas de gamme.

LE FOU DU ROI

Je me souviens parfaitement de cette première rencontre en 2005, à France Inter lors d'un enregistrement du « Fou du roi » de Stéphane Bern. Dans cette émission, Guy « balançait » sur les invités, avec humour mais non sans une certaine cruauté. Bern lança l'émission en s'amusant du contraste entre nos deux personnalités. Le nutritionniste le plus médiatisé de France face à l'obèse le plus populaire du pays. Je sentis Guy irrité par cette pseudo-confrontation, et, tout au long de l'émission, il garda un ton ironique, et même cynique à mon égard, déclarant que j'étais un « nutritionniste pour dames » comme il est des « coiffeurs pour dames ».

Il prenait un ton de sociétaire de la Comédie-Française pour évoquer la tragédie que constitue la boulimie, tandis qu'il faisait de moi une caricature de toubib séfarade qui vendait très cher des régimes à des vedettes du show bizz, passait ses week-ends à Deauville et offrait des bagues de chez Van Cleef à des courtisanes ukrainiennes. C'était Shakespeare face à *La vérité si je mens*.

Il n'avait pas entièrement tort. Je suis effectivement issu d'une famille juive séfarade plutôt modeste et, pour ma mère – qui n'est pas pour autant Marthe Villalonga –, la seule façon de s'élever dans l'échelle sociale était de devenir médecin ou avocat – à l'extrême rigueur, mais je savais qu'elle aurait considéré ce métier comme un pis-aller décevant : dentiste. Pour elle, en dehors de ces professions prestigieuses, point de salut ! Elle affichait notamment un dédain pour toutes les écoles d'ingénieur, et elle prononçait ce dernier mot avec une connotation technocratique péjorative.

Alors, médecin pour faire plaisir à Maman ? Pas seulement. Ce qui va suivre va sans doute faire sourire ceux qui, comme Guy avant de me connaître, ont de moi une image caricaturale d'opportuniste cupide davantage préoccupé par son statut médiatique que par ses patients, et dont les consultations ressemblent à de l'abattage d'obèses dans le sens où l'on utilise ce mot lorsqu'on évoque la relation entre les prostituées et leurs clients.

Bien entendu, j'avais immédiatement compris la tragédie que vivait cet homme. Jamais l'expression « l'humour est la politesse du désespoir » ne convint aussi bien qu'à Guy. Pour lui montrer que je ne lui en voulais pas et que je n'étais pas dupe de la souffrance que cachait son ironie cynique, à la fin de l'émission, je le pris à part et lui proposai de le recevoir en consultation dans mon cabinet. Ce qu'il accepta avec un tel empressement que nous en fixâmes la date dans la régie de France Inter. J'ai retrouvé cette date sur mon carnet de rendez-vous de l'époque : le 9 septembre, à 16 heures.

Le 9 septembre à 16 heures, je l'attendis en vain.

Je n'ai jamais osé demander à Guy pourquoi il n'était pas venu à ce rendez-vous. Probablement considérait-il que j'étais trop médiatisé pour être un bon médecin. Quoi qu'il en soit, ce jour-là, à l'heure où je l'attendais à mon cabinet, il consultait mon ami et associé Patrick Serog, avec lequel j'avais écrit le livre qui m'avait valu l'invitation chez Stéphane Bern. Et ce fut Serog qui servit de cheval de Troie dans la prise en charge hospitalière de Guy, parvenant à le convaincre d'entrer dans la clinique du Dr Lowenstein au sein de laquelle j'étais responsable du service des troubles alimentaires.

Voilà pourquoi je suis toujours un peu gêné quand Guy dit que je lui ai sauvé la vie. Car ce n'est pas moi qui l'ai fait entrer dans la clinique contre les addictions du Dr Lowenstein. Ce n'est qu'au premier jour de son hospitalisation que j'ai pris le relais, et que notre belle histoire a commencé.

COMMENT DEVIENT-ON GROS ?

Il faut distinguer cinq situations.

1 - Les gourmands par plaisir

C'est le cas le plus simple et le plus facile à traiter. La personne mange par plaisir. Il n'y a rien de morbide dans son approche ; c'est souvent un hédoniste, un gastronome, qui aime les bons produits et les bons vins. Pour faire simple et le différencier des cas qui vont suivre, jamais le gourmand ne se gavera de chips sur un canapé.

On aura compris que la limite de ce comportement, c'est lorsque la gourmandise prend le pas sur les autres plaisirs de la vie. L'hédoniste devient alors *addict* à la nourriture, au même titre que n'importe quel toxico, et passe directement à la situation numéro 3.

2 - Les gourmands par insatisfaction

Dans ce cas également, la personne mange par plaisir, mais il s'agit de se « faire du bien » pour compenser une insatisfaction ou une frustration dans la vie du patient – dans le domaine conjugal, professionnel, financier, etc. C'est en général une situation assez simple à résoudre, car il suffit presque de définir la frustration à l'origine de l'excès alimentaire et de faire en sorte de la résoudre, ou de la vivre au mieux par une assistance psychologique associée à un traitement médical.

3 - Les compulsifs alimentaires

La compulsion alimentaire, c'est ce geste qui consiste, vers 16 heures, 19 heures ou tard dans la soirée, à aller vers des aliments qui font plaisir, en consommer exagérément, mais être capable de s'arrêter. C'est un geste qui correspond à une volonté d'anesthésier une pensée négative. Cette pensée est souvent inconsciente, mais elle suscite le besoin de la gommer, et la nourriture joue ce rôle à merveille en apportant un plaisir immédiat qui recouvre d'une satisfaction provisoire les pensées négatives.

Le danger d'un tel comportement, c'est qu'il peut se transformer en « routine », qui subsistera même lorsque les problèmes ponctuels qui justifiaient la compensation alimentaire auront disparu.

La solitude est souvent la cause de ce comportement. Des expériences sur des animaux ont démontré qu'un couple de rats auquel on donnait de la nourriture en excès ne consommait que ce dont il avait physiologiquement besoin, et délaissait l'excédent. Alors que le rat solitaire consommait systématiquement l'excès de nourriture laissé à sa disposition.

Ce n'est pas un hasard si l'exemple type de cette compensation de la solitude par une pulsion alimentaire concerne le chocolat. Outre le plaisir gustatif immédiat qu'il procure, il contient des substances antidépressives qui prolongent son effet. Car, au-delà du simple plaisir gustatif, les aliments entraînent une sécrétion d'endorphines qui flattent les centres de la récompense. C'est pour cela qu'il est essentiel que ce plaisir soit maîtrisé, et de maintenir l'équilibre des plaisirs.

On peut donc considérer comme une pathologie alimentaire tout déséquilibre des plaisirs au profit de la seule nourriture.

4 - Les hyperphagiques

Ce sont des personnes qui mangent exagérément au moment des repas, qui mangent trop par rapport aux besoins de leur organisme. L'hyperphagique est une personne qui a besoin de «se remplir» comme si elle éprouvait le besoin de combler un vide – qui va bien au-delà, on l'aura compris, du vide de son estomac. Sans tomber dans la psychologie de bazar, on trouve, chez les femmes hyperphagiques, un besoin de sentir en elles en outre-mangeant une sensation de «grosseur» proche de l'état de grossesse.

5 - Les boulimiques

La boulimie se définit comme un acte addictif qui consiste à manger compulsivement, et la plupart du temps de façon solitaire, de grandes quantités d'aliments. Les deux symptômes comportementaux majeurs à ce trouble du comportement alimentaire tiennent à la solitude et l'absence de satiété, qui conduit le boulimique à manger jusqu'à épuisement ce qui lui «tombe sous la bouche», c'est-à-dire sans aucun plaisir «gastronomique». Ses goûts alimentaires ne sont pas déterminants. C'est-à-dire que, même s'il n'a à manger que des aliments qu'il n'aime pas, le boulimique en crise les consommera malgré tout.

J'ai constaté que la boulimie était associée à des séquences psychiatriques précises. Elle est souvent liée à une désorganisation psychique, à une tachypsychie, c'est-à-dire à un esprit qui fonctionne beaucoup plus vite que la moyenne, et pour lequel l'acte de manger n'est même pas perçu comme un acte conscient. On constate également comme un délire alimentaire, dans lequel la nourriture va constituer une forme de suicide.

Le mécanisme de la boulimie est connu, mais il faut bien admettre que la médecine ne sait pas encore véritablement soigner ce mécanisme. Plus vous êtes gros, plus vos cellules adipeuses sécrètent une substance qui supprime la sensation de satiété. Donc plus les obèses grossissent, plus ils développent des compulsions alimentaires boulimiques. Il s'agit là d'une véritable addiction, aussi grave que la toxicomanie ou l'alcoolisme.

C'est la raison pour laquelle la première mesure qui s'imposait pour sauver Guy était de le faire entrer dans ce que les Américains appellent un *rehab'*. Un centre de désintoxication.

SUR L'HYPOCONDRIE

Il n'existe aucun médecin qui ne soit, dans l'exercice de sa fonction, quotidiennement confronté à des patients hypocondriaques. Mais il existe plusieurs types d'hypocondriaques...

Tout d'abord, celui que j'appellerais **l'hypocondriaque léger**. Il s'agit d'un patient qui traverse une période de sa vie où il a besoin d'être rassuré, ou qui a tout simplement besoin de parler de lui. Une douleur inconnue, une sensation de fatigue, des symptômes qui en temps normal lui sembleraient bénins génèrent soudain une angoisse qui n'est que la manifestation de son mal-être passager.

L'hypocondriaque n'est pas un mythomane lorsqu'il prétend souffrir, car c'est bel et bien un être qui souffre, mais il ne souffre absolument pas de la maladie qu'il s'imagine avoir. Il souffre du mal de vivre et, comme il est dans le déni de cette détresse morale, il ne consulte pas un psy mais un généraliste.

Il est assez facile de rassurer un hypocondriaque léger. Il faut juste longuement l'écouter parler de lui. Pratiquer une sorte de saignée mentale, un peu comme les médecins du XVIIe siècle pratiquaient la saignée veineuse pour « alléger » la circulation sanguine. Il s'agit là de faire sortir cette angoisse qu'il gardait en lui et qu'il polarisait sur un organe.

Si les mots ne suffisent pas, on lui fera passer des examens dont le praticien sait à l'avance que les résultats ne montreront aucune anomalie. Mais ce sont les chiffres que le patient verra sur la feuille d'analyse du labo, ou les commentaires du radiologue joints à son scanner mettant en évidence l'absence de toute tumeur, qui rassureront définitivement l'hypocondriaque léger.

En revanche, celui que j'appelle **l'hypocondriaque professionnel** est beaucoup plus difficile à soulager. C'est la forme la plus grave de cette maladie mentale, car celui qui en souffre a renoncé, pour des raisons psychologiques qui tiennent probablement à la peur de l'échec, à poursuivre le moindre but affectif ou professionnel dans son existence. Il s'est réfugié dans cette angoisse, qui remplit sa vie en comblant le vide laissé par l'absence de tout projet. Il arrive dans le cabinet du médecin, convaincu qu'il souffre d'une pathologie, qu'il connaît d'autant mieux qu'il passe son temps à l'étudier et qu'il a préparé son « sujet » en allant sur Internet chercher les « preuves » de sa « maladie » – sur laquelle il donne à son praticien un cours magistral.

Avec lui, il faudra plusieurs consultations, des examens inutiles et des heures de discussion avant de le convaincre qu'il ne souffre pas de cette maladie dont il vous a dit d'entrée : « Cette fois-ci, docteur, c'est sérieux. » Une fois convaincu, les larmes aux yeux, il vous remercie chaleureusement de l'avoir rassuré. Mais on sait bien qu'à peine sorti du cabinet il va prendre rendez-vous avec un confrère pour avoir un « autre avis ».

Dès que l'on évoque une maladie devant lui, il en perçoit tous les symptômes, un peu comme dans le livre *Trois hommes dans un bateau* de Jerome K. Jerome, où l'un des personnages hypocondriaques explique que la lecture du *Dictionnaire des maladies* l'a conforté dans sa certitude de souffrir de toutes les pathologies, mais qu'il y a trouvé un motif d'espoir avec une maladie dont il ne ressent aucun symptôme : la « maladie des femmes de chambre ».

Et puis, surtout, l'hypocondriaque professionnel est convaincu de souffrir d'une maladie rarissime pour laquelle il va falloir beaucoup de temps avant d'avoir les résultats des examens prouvant qu'il en est indemne.

Et enfin, il existe ce que j'appelle **l'hypocondriaque malin**. Mon ami Guy Carlier en est l'exemple parfait. Pour les médecins, il est redoutable. Il sait qu'il est hypocondriaque. Il sait que son médecin sait qu'il est hypocondriaque. Alors il joue au chat et à la souris. Il vous dit :

« Docteur, je viens vous voir car je sens comme un picotement au bout de mes doigts. Ah, je lis dans vos yeux que vous vous dites que je suis encore en pleine paranoïa hypocondriaque. Eh bien, rassurez-vous : pas du tout ! Je ne pense pas une seule seconde que je démarre une maladie de Charcot. (À cet instant, généralement, il éclate de rire.) Je ne pense pas non plus que ce soient les prémices d'une sclérose en plaques. Mais si vous pouviez organiser quelques examens pour qu'on écarte totalement cette hypothèse, je serais totalement rassuré, même si je ne suis pas inquiet... »

Vous finissez par vous résigner à accepter ces examens, dont vous savez qu'ils sont inutiles, mais qui vont le rassurer. Il vous remercie et, au moment de quitter le cabinet, il se retourne vers vous à la manière de l'inspecteur

Columbo et vous lance : « Au fait, docteur, je me demandais… Ça ne pourrait pas être une ataxie cérébelleuse liée au gène SPTBN2 ?… »

Ce genre de scène que j'ai vécue cent fois prête à rire, mais l'hypocondrie est plus proche de la tragédie que de la comédie. Car il arrive souvent que ce type d'hypocondriaque soit réellement malade. Simplement, il ne souffre pas du tout de la pathologie qu'il s'imagine avoir, mais d'autre chose qui n'a rien à voir mais qui inconsciemment génère une angoisse. Comme une sorte d'appel au secours du corps à l'esprit.

Guy Carlier constitue l'exemple parfait de ce phénomène, car il est évident qu'un corps que l'on fait grossir par une boulimie quotidienne massive au point d'atteindre 250 kilos envoie au cerveau du boulimique des signaux de détresse et d'angoisse. Mais comme le déni est le propre d'une addiction, et que la boulimie dont souffrait Guy constituait une addiction sévère, son cerveau orientait ses signaux de détresse vers d'autres pathologies mortelles. Sa boulimie le condamnait à mort à court terme, et il voulait que je le rassure sur le fait qu'un adénome, un petit îlot de graisse (au milieu d'un océan adipeux) n'était pas un cancer en développement.

En conclusion, vous l'aurez compris, les hypocondriaques « m'emmerdent ». Parce que je ne suis pas psy. Et puis, surtout, parce qu'ils peuvent être dangereux. Car, statistiquement, ils ont autant de chances que les autres de développer un cancer ou une maladie grave. Et quand l'hypocondriaque qui est venu vous consulter pour rien à dix reprises revient pour la onzième fois, vous risquez de passer à côté d'une pathologie réelle.

À force de crier au loup…

Au fur et à mesure que j'écris ces lignes, je m'interroge. Et si j'étais moi-même hypocondriaque ? Je mentirais si je ne reconnaissais pas avoir un jour pensé : « J'ai mal à la gorge, j'ai des ganglions, et si c'était le début d'un cancer du pharynx ou de l'œsophage ? » Mais un médecin connaît l'ensemble des symptômes et pour éliminer rapidement ce genre d'inquiétude, j'ai toujours avec moi une petite trousse antistress, qui contient un échantillonnage de médicaments mineurs mais qui permettent d'éliminer rapidement la moindre douleur, la moindre gêne due à des pathologies bénignes.

Concernant les hypocondriaques, les médecins doivent faire preuve d'une grande psychologie. Lorsque j'étais jeune médecin, un jour, souffrant d'un mal à la gorge, je suis allé voir mon confrère ORL sans réelle inquiétude. Mais ce dernier décide « d'y voir plus clair » en procédant à une fibroscopie. À peine avait-il introduit le tuyau du fibroscope que je l'entends s'exclamer : « Oohhh merde ! » À cet instant, je suis saisi d'une terreur panique totalement justifiée par l'annonce qui suit...

Assommé par la nouvelle, je retourne dans mon bureau, je m'effondre sur mon fauteuil en imaginant le scénario qui va suivre, je me pose les questions qui assaillent les patients à une telle annonce – je dois avertir les miens, dois-je arrêter de travailler, quels sont les pourcentages de rémission du cancer du pharynx, etc., lorsque je reçois un appel téléphonique de mon ami ORL qui me dit : « Dis-moi, je t'ai senti stressé en quittant mon cabinet... Tu es médecin, j'espère que tu sais qu'un myome est une tumeur totalement bénigne ? »

Oui, je le savais. Mais lorsqu'il avait prononcé le mot « tumeur », je n'avais plus rien entendu de ce qu'il m'avait dit après.

Voilà pourquoi, depuis ce jour, je suis particulièrement attentif en matière d'annonce de diagnostic bénin à ne pas prononcer des mots qui inquiéteraient inutilement les patients, qui, même s'ils ne sont pas vraiment hypocondriaques, sont dans un état de sensibilité aiguë lorsqu'ils consultent.

LE TOP 10

L'humour et la vivacité intellectuelle de Guy et de Jean-Marc constituaient l'assurance de passer une bonne soirée. Ce fut le cas malgré la gaffe terrible que je commis. Tandis que Jean-Marc évoquait ses problèmes de poids et son combat permanent contre la tentation gourmande, je l'interrompis en disant :

« Oui, mais ça n'a rien à voir avec les problèmes de Guy. Il faut savoir qu'il y a dix ans, quand il était à 250, il faisait partie du Top 10, voire du Top 5. »

À peine ces mots étaient-ils sortis de ma bouche que je les regrettai. Désinhibé par une coupe de champagne, vous balancez par enthousiasme une phrase que vous regrettez instantanément. C'est le moment terrible où vous vous dites : « Mais quel con je suis ! » Ce moment terrible où j'ai lu dans les yeux de Guy que je venais, sans le vouloir, de lui balancer une bombe à fragmentation.

Et pourtant, c'était vrai. Les choses ont changé en dix ans, et l'obésité massive s'est développée en France de façon exponentielle, notamment dans les classes défavorisées. Mais à l'époque, s'ils étaient relativement nombreux aux États-Unis, il existait peu d'obèses dépassant les 250 kilos en France.

Guy constituait donc un challenge extraordinaire pour un nutritionniste. Mais surtout, il symbolisait les raisons pour lesquelles j'avais décidé de m'intéresser aux obèses boulimiques. Cette maladie est en lien avec une hypersensibilité, et ceux qui en souffrent sont souvent des gens attachants, fins et délicats, et d'une gentillesse extrême. C'est-à-dire à l'exact opposé de leur image. Un gros, c'est quelqu'un qui a dû apprendre à se défendre contre les moqueries, les regards, la solitude. Et, pour se défendre, il a d'abord enfoui cette sensibilité sous ses couches adipeuses, et l'a remplacée par l'agressivité et l'aigreur.

C'est la raison pour laquelle un amaigrissement important d'un obèse boulimique doit faire l'objet d'un accompagnement psychologique permanent, afin que le retour à un corps « acceptable » s'accompagne du retour de la sensibilité et de la finesse intellectuelle. Autrement dit, l'aigreur doit partir avec la graisse.

Voilà pourquoi, au-delà du challenge, toutes les conditions étaient réunies pour qu'entre Guy et moi naisse une indéfectible amitié.

SUR L'INDICE DE MASSE CORPORELLE

Guy évoque l'indice de masse corporelle. J'en veux beaucoup à un dénommé Adolphe Quételet, qui a « inventé » ce chiffre. Parce que cette formule censée estimer la corpulence d'une personne constitue une généralité qui catégorise les individus, et qui définit des standards discriminatoires qui ne tiennent pas compte des particularités de chacun. Elle peut ainsi faire croire à des bien-portants qu'ils sont en danger.

Cette insistance de la médecine à vouloir à tout prix calibrer les gens est exaspérante, et même inquiétante.

L'indice de masse corporelle est un chiffre qui permet, au mieux, de rassurer certaines personnes, au pire d'en faire culpabiliser d'autres. Mais, au bout du compte, il ne donne aucune indication intéressante sur l'état de santé de l'obèse.

Pour mémoire, l'indice de masse corporelle est défini par le poids d'une personne divisé par sa taille au carré. Autrement dit, un individu mesurant 1,85 mètre et pesant 80 kilos possède un IMC de 23. De 25 à 30, on considère le patient en léger surpoids, et en haute obésité à partir de 35. Cet indice est totalement stupide, car il ne tient pas compte de nombreux facteurs essentiels, comme la morphologie de l'individu, l'importance de la masse musculaire dans le corps du patient, sa structure osseuse et, surtout, le contrôle de son surpoids éventuel.

Pour vous montrer à quel point ce chiffre est stupide : l'IMC de Guy, à l'époque où il pesait 250 kilos pour 1,84 mètre, donnait un chiffre qui n'était même pas répertorié. Autrement dit, selon M. Adolphe Quételet, Guy Carlier ne pouvait pas exister. Il était forcément mort.

Or non, Guy n'était pas mort. Et, par miracle, il ne souffrait d'aucune anomalie métabolique liée à ce surpoids terrible.

Malgré tout, je n'avais pas besoin de faire le calcul de son IMC pour comprendre qu'il était en danger de mort imminente.

SUR LA CULPABILITÉ DE L'OBÈSE

Pour paraphraser Audiard, je rappellerai que je suis médecin nutritionniste depuis des décennies, et que je fréquente les médias depuis plus de vingt ans – c'est vous dire si j'en ai entendu des conneries, dans ma vie.

Tout d'abord, la phrase classique : « Les gros, c'est de leur faute, et c'est bien fait pour eux, ils ont qu'à moins manger. » J'ai volontairement respecté la syntaxe aléatoire de ce jugement définitif, car elle symbolise bien les limites intellectuelles de ceux qui la prononcent.

Ce sont les mêmes qui perçoivent les « gros » comme des êtres veules, sans volonté, incapables de limiter leur consommation alimentaire aux besoins de leur corps. Les obèses eux-mêmes ont, dans la même démarche, le sentiment du péché, et ils se cachent pour manger. Pour ce qui est des boulimiques, ainsi que le décrit Guy, ce que la plupart des gens ignorent, c'est qu'au-delà d'un certain seuil d'obésité (je ne parle pas ici de ceux qui ont 5, voire 10 kilos excédentaires), les boulimiques pathologiques en surpoids très important perdent toute sensation de satiété. Il n'est plus question de compenser une émotion négative, ou de satisfaire le besoin de récompense, il s'agit alors d'une pathologie grave, puisque l'obèse mange mécaniquement et sans limite. Il n'est jamais repu. Son comportement alimentaire s'assimile à la conduite d'une voiture sans freins.

Lorsque je reçois un nouveau patient, le diagnostic fondamental que j'ai à établir consiste à déterminer si j'ai en face de moi quelqu'un qui a dépassé cette limite au-delà de laquelle le gros n'a plus le contrôle de la satiété et est entraîné dans une boulimie morbide et destructrice permanente.

L'EFFET YO-YO

Guy a donc vécu l'un des dangers les plus courants des régimes alimentaires : l'effet yo-yo. On nomme ainsi le phénomène qui, aussitôt la fin d'un régime mal conduit, voit le patient reprendre davantage de poids qu'il n'en a perdu pendant. Deux raisons conduisent à l'effet yo-yo.

Tout d'abord, lorsque l'on débute un régime alimentaire, dans l'enthousiasme de cette décision, on se fixe bien souvent des objectifs d'amaigrissement utopiques, conforté que l'on est par la perte de poids des premiers jours, toujours très spectaculaire.

Je me souviens que, lorsque Guy a été hospitalisé, il a perdu 3 kilos la première semaine et, dans l'euphorie de ce résultat, il a dessiné un tableau de perte de poids qui prévoyait un amaigrissement de 3 kilos hebdomadaires, qu'il me montra en disant : « Eh bien voilà, si je maintiens ce rythme, dans un an, je suis mince. » La deuxième semaine, comme il ne perdit que 1 kilo – ce qui est la perte de poids normale lors d'un régime cohérent et de plaisir (je reviendrai sur ce dernier mot) –, il me dit : « Tu devrais durcir mon régime », et comme je refusais, il m'avoua plus tard qu'il jetait dans les toilettes une partie des repas qu'on lui servait dans sa chambre.

La perte de poids est évidemment spectaculaire au début d'un régime, tout simplement parce que l'organisme passe d'une alimentation excessive à une alimentation « coup de poing ». Par la suite, l'amaigrissement se ralentit, et le patient a, si je puis dire, des « impatiences », c'est-à-dire qu'il avait fantasmé sur les résultats de sa première semaine et, soit il va « forcer » le régime, c'est-à-dire qu'il va excessivement réduire sa ration calorique – et dès qu'il cessera son régime, son organisme qui « aura gardé la mémoire » de ces privations excessives stockera davantage les graisses –, soit il va se dire « ça ne marche pas » et, découragé, il va entrer dans une sorte de dépression, cesser son régime et « craquer », c'est-à-dire se mettre à outre-manger, et donc à grossir davantage qu'au début de son régime.

Une autre raison de l'effet yo-yo est la conséquence de ce que j'appelle les « mauvais régimes », c'est-à-dire les régimes dont est exclue la notion de plaisir.

Avant son admission dans mon service à la clinique Montevideo, Guy avait effectué de nombreux séjours en clinique diététique. Chaque fois, à l'issue des trois semaines d'hospitalisation, il ressortait amaigri. Mais ces vingt et un jours de régime triste et contraignant qu'il venait de vivre le poussaient, dès sa sortie de clinique, à « se faire plaisir ». Et la spirale de sa boulimie était de nouveau enclenchée.

La boulimie est un « faux » plaisir, comme toutes les addictions, mais elle répond malgré tout à un manque de plaisir. Autrement dit, une alimentation sans plaisir, c'est-à-dire un régime basé exclusivement sur la privation, entraîne inévitablement des frustrations, des états dépressifs, et est non seulement vouée à l'échec mais génère une prise de poids ultérieure supérieur au poids de départ, c'est-à-dire « l'effet yo-yo ».

SALAUDS DE PAUVRES !

Guy est un privilégié. Sa situation sociale et financière lui permettait une prise en charge qui n'est pas accessible à la majorité des obèses boulimiques.

J'ai articulé la thérapie sur trois axes, une hospitalisation longue permettant non seulement un sevrage de son addiction à la nourriture, mais également d'habituer son organisme à une nouvelle forme d'alimentation, qui n'excluait pas le plaisir. Cette longue hospitalisation a permis une prise en charge psychologique, conduite par des psychothérapeutes compétents spécialisés dans le domaine des additions. Compte tenu du stade où en était Guy, il était nécessaire d'adjoindre un traitement à base de neuroleptiques, qui agissent sur des symptômes plus graves que la simple dépression, et une activité physique adaptée bien évidemment à la morphologie de Guy, mais qui était nécessaire dans le processus de reprise de conscience de son corps. De plus, l'activité physique constitue un déclencheur d'endorphines, un stimulateur qui en faisait un élément essentiel important de la thérapie.

Pour en revenir aux délires alimentaires et compléter dans ce domaine ce que Guy raconte dans ce livre, je me souviens que, dans cette clinique, dans la chambre située en face de celle de Guy, était hospitalisée une femme dont le problème peut paraître totalement atypique, mais qui est symptomatique de ce que j'appelle le « délire boulimique ». Cette femme, obèse boulimique, marchait avec des béquilles en raison de son surpoids, un surpoids qu'elle avait acquis en se gavant chaque nuit pendant des mois, voire des années, d'une douzaine de tubes de mayonnaise. Elle ne consommait plus que cela. De la graisse pratiquement intégrale, en grande quantité, chaque nuit en solitaire.

Pour l'anecdote, cette femme recevait chaque jour la visite d'un jeune homme, dont la beauté troublait les infirmières du service ; et à chacune de ses visites, la porte de la chambre restait fermée pendant un long moment. J'ai appris qu'il était l'amant de la dame obèse, et qu'il en était véritablement amoureux.

Ce genre de personnage existe, les Anglais les appellent les *fat lovers*. Je ne veux pas porter de jugement sur ce goût amoureux – est-ce une déviance, est-ce malsain ? Peut-être souffrait-il lui aussi d'un délire psychiatrique. Peu importe. Mais ce qui est troublant, en l'occurrence, c'est qu'il était sincèrement fou amoureux de cette dame, et que, du coup, cette dernière était comblée sur le plan affectif. Bien plus que la majorité des femmes.

On ne peut réduire la boulimie à la compensation d'un manque affectif, comme on a tendance à le faire un peu trop facilement.

SUR LES PIÈGES ALIMENTAIRES

Samedi après-midi, un couple va faire ses courses au supermarché. Pauline, au régime toute l'année, tente de se restreindre, tandis que Benjamin, qui fait beaucoup de sport, essaie de s'alimenter sainement. Sans le savoir, l'un comme l'autre vont se faire piéger pendant leurs achats.

Au rayon pain, Pauline hésite. Elle se laisse souvent tenter par une baguette chaude, et a tendance à en grignoter le croûton. Pour éviter cette mauvaise habitude, elle préfère acheter du pain en tranches. Elle croit même que, dans le cadre des régimes, mieux vaut placer du pain complet dans son caddie. Grosse erreur. Car la différence entre le pain complet et le pain blanc réside dans le fait que le premier est constitué de blé dont on n'a pas enlevé l'écorce : le seul bénéfice est donc une augmentation du volume des résidus dans les selles. En aucun cas il ne peut la faire maigrir ; il contribue tout au plus à améliorer son transit.

Il suffit de prendre l'exemple des tranches de pain américain, si tendre et si moelleux : chacune pèse en moyenne entre 40 et 50 grammes. Si Pauline en prend deux tranches au petit déjeuner, elle aura consommé 100 grammes de pain, alors qu'une baguette pèse 200 à 250 grammes. En somme, en absorbant ce qu'elle perçoit comme un aliment « diététique », Pauline absorbe en vérité l'équivalent d'une demi-baguette.

Benjamin, lui, la regarde en s'amusant, convaincu d'avoir été plus intelligent en sélectionnant des pains aux six céréales. Six céréales, donc enrichi aux vitamines, se dit-il... Un geste de santé ! Ce qu'il ignore, c'est que la diversité des céréales n'influe pas sur la quantité de vitamines. La seule céréale essentielle à notre alimentation est le blé. La valeur nutritive de l'orge, du son, de l'avoine, du sarrasin ou du maïs est en fait quasiment identique, ces différents produits apportant *grosso modo* le même nombre de calories. Ils contiennent en quantité équivalente des vitamines du groupe B, de l'acide folique, des minéraux, du fer et du magnésium. Rien ne distingue ces céréales les unes des autres, en dehors de leur goût et de la façon de les accommoder. Pourtant, cette appellation « aux six céréales » et le terme « riche en vitamines » ont induit Benjamin en erreur. Persuadé que l'augmentation du nombre de céréales lui apportera un bienfait nutritionnel, il est victime d'une idée reçue coriace.

Près d'eux, un autre couple fait ses courses hebdomadaires. Céline et Sébastien privilégient, eux, les plaisirs de la table. Au même rayon pain, ils apprécient les multiples variétés à leur disposition. Pain aux châtaignes, aux pépites de chocolat, aux fruits confits. Un peu plus loin, l'étalage des viennoiseries les attire, notamment depuis qu'il s'est enrichi au fil des années. Finis les traditionnels pains au chocolat, croissants et brioches ; à leur place, ou parmi eux, se glissent des pains au chocolat et aux amandes, des brownies américains, des petits gâteaux portugais ou des boules de coco d'origine chinoise.

Des produits trafiqués, plus aussi simples qu'auparavant. Pour les faire lever, les cuire, les conserver, de nombreux ingrédients ont été ajoutés. Certains servent à augmenter leur durée de vie ; d'autres, comme le glutamate et le sel, renforcent leur goût. Les colorants, eux, jouent un rôle d'excitant visuel. Pour chaque variété de pain, il existe une couleur qui lui donne son label : aucun industriel ne concevrait un pain de campagne totalement blanc ! De même, les viennoiseries se doivent d'être légèrement caramélisées ou... du moins couleur caramel en surface. La présentation du produit, l'augmentation de sa saveur permettent d'influencer le choix du consommateur – et ainsi potentiellement la quantité achetée.

Pauline et Benjamin vont maintenant choisir le beurre destiné à la cuisine et au petit déjeuner. En fait, dire « beurre » relève désormais d'une illusion. Comme à son habitude, Pauline se laisse guider vers la « zone diététique », se dirigeant directement vers les margarines. Encore une erreur. La différence essentielle entre la margarine et le beurre est liée à leur contenu en certains acides gras, et la valeur calorique du beurre s'avère identique à celle de la margarine. Il se trouve que, dans la margarine, les acides gras sont « polyinsaturés », ce qui signifie qu'ils ne se déposent pas le long des artères. Si cela lui confère un avantage particulier dans le traitement de maladies comme l'excès de cholestérol, par une idée fausse admise par tous, la margarine a une image de produit diététique, que le beurre n'a pas. Une image non méritée. En l'absence de maladie cardio-vasculaire ou d'excès de cholestérol, on ne risque rien à manger du beurre plutôt que de la margarine. C'est une question de goût.

En vérité, Pauline ne voit aucune différence entre les différents produits. Le label « allégé » et la zone dans laquelle ils sont installés les rendant identiques à ses yeux. Comme ils sont tous voisins, elle se laisse abuser. La couleur, le nom, tout y contribue.

Le beurre est la partie grasse du lait. Si la jeune femme retournait les boîtes des différentes margarines qu'elle se prépare à déposer dans son caddie, elle aurait quelques surprises. La plus « diététique » d'entre elles contient environ 265 kilocalories aux 100 grammes. Dans le même rayon, la moins diététique en annonce 542 aux 100 grammes. La margarine vraie, elle, contient en réalité environ 700 kilocalories aux 100 grammes. Notre consommatrice peut donc allégrement passer d'un produit à faible teneur calorique à un autre quasiment identique à l'original, le goût en moins.

Ces pâtes grasses se composent pour la plupart d'eau, d'huile végétale, de gélatine, de lactosérum, de babeurre, d'amidon de manioc, de beurre concentré (!) et de poudre de lait. L'une d'entre elles, très à la mode actuellement, comporte même du poisson ! Vendue dans le rayon diététique, elle contient 720 kilocalories aux 100 grammes. Des mélanges de ce genre, sous label diététique, ne surprennent – hélas – plus personne. Quant au beurre allégé, il n'est beurre que parce que le fabricant l'a décidé. La composition est quasiment identique à celle des produits précédents, retravaillée parfois avec des huiles à petite teneur en acides gras saturés, ce qui permet l'appellation beurre plutôt que margarine.

Pauline ignore un autre piège. Comme nos papilles nous permettent de retrouver les saveurs en fonction des quantités absorbées, pour obtenir le goût des produits originaux, elle doit augmenter la quantité du produit allégé avec lequel elle tartine son pain. En définitive, elle pourra consommer jusqu'à deux fois plus d'un produit diététique, ce qui lui apportera la même ration de calories. Avec la frustration supplémentaire de ne pas avoir mangé le vrai produit.

Si au rayon des matières grasses diététiques les fabricants et les distributeurs ont donc astucieusement mélangé tous les produits, à l'étalage non diététique, les fantaisies apparaissent différentes. Céline et Sébastien vont acheter leur matière grasse en fonction de leur goût présumé, et des adjonctions qu'on y fait. Céline surtout, puisqu'elle adore le beurre légèrement salé. Elle en trouve de toutes les sortes : salé normal, demi-salé, au sel de Guérande ou de Noirmoutier. Elle choisit aussi en fonction de la couleur, facteur très important dans l'achat des matières grasses, le jaune étant l'apanage du beurre. Certains s'imaginent reconnaître un goût particulier dans le beurre – illusion née d'un conditionnement qui date de leur passé, parce que les différences de saveurs sont en général voulues par le fabricant.

Sébastien a choisi un autre beurre, dit enrichi en vitamine E, appellation probablement exacte puisqu'il doit contenir quelques traces de vitamine E supplémentaires... Même si toutes les matières grasses sont riches en vitamine E.

Amatrice de poisson – c'est frais et maigre, se dit-elle –, Pauline se jette sur l'un de ses produits préférés : le surimi. Vendue il y a quelques années à l'étalage de quelques poissonniers, cette matière venue d'ailleurs a depuis envahi les linéaires des grands magasins. Le poisson étant l'aliment diététique symbolique de notre société, Pauline remplit son panier de ces petits bâtonnets. Elle s'en sert, dit-elle à Benjamin, pour se couper l'appétit avant de passer à table, lui expliquant que le crabe est extrêmement peu calorique, et que l'on peut en manger à volonté.

De nouveau, elle se trompe. D'abord sur la composition du produit. L'étiquette mentionne clairement qu'il s'agit pour 38 % de chair de poisson, et pour le reste d'eau, et aussi de blanc d'œuf afin de lier l'ensemble. C'est certes un produit de régime, mais qui possède la même valeur calorique que le poisson, et comporte une forte teneur en eau. Consommer 125 grammes d'un produit riche en eau est toujours plus diététique que 125 grammes d'un aliment plus sec. Le poisson est une protéine, comme les autres, mais moins grasse. C'est le même principe que le kilo de plomb et le kilo de plumes... On peut absorber 1 000 kilocalories de poisson, comme on peut absorber 1 000 kilocalories de viande ! Il faudra 600 grammes pour la viande et 1 kilo pour le poisson. L'erreur fondamentale de Pauline est le mode de consommation du surimi. La présentation en bâtonnets lui a conféré une image « petit bout de crudité ». On les vend même, désormais, avec une sauce prête à l'emploi... De la mayonnaise, bien sûr !

Alors que Pauline s'est limitée à des produits ayant acquis une réputation d'efficacité dans le cadre des régimes, elle a négligé les crustacés, produits maigres par excellence. Benjamin, lui, a préféré choisir du saumon, choix que son épouse critique parce que le saumon, c'est bien connu, est un poisson gras. Encore une information mal perçue. Le saumon, bien entendu, est plus gras que les autres poissons, mais avec une variation d'à peine 20 %. Comme on l'ignore, il est au ban de la consommation des produits de la mer et, dans les régimes, on se l'interdit quasi systématiquement. Ne parlons pas du saumon fumé, associé au plaisir et non au light, alors qu'il peut agréablement varier les repas diététiques.

Benjamin aime le saumon parce qu'il a lu quelque part qu'on vendait même de l'huile extraite de ce poisson dans des gélules qui amélioreraient le taux de cholestérol. En plus, ajoute-t-il, c'est extrêmement riche en vitamine D. À son tour, il a mal assimilé certaines explications scientifiques. En réalité, toutes les huiles sont riches en vitamines E et D. Le prétendu effet bénéfique de celles qui sont extraites des poissons ne concerne que certains patients très particuliers.

Céline et Sébastien, de leur côté, s'intéressent davantage aux produits élaborés à partir du poisson, type tarama et autres fantaisies du rayon, saumon à l'aneth ou rillettes de crabe. Sans le deviner, ils deviennent de grands consommateurs de gras puisque ces préparations ont essentiellement du relief grâce aux sauces. Les purées de poisson qu'ils achètent ne contiennent la plupart du temps que 20 à 25 % du produit dont elles portent le nom. Le danger, pour eux, c'est que dans ces préparations, pour des raisons économiques, les matières grasses utilisées se révèlent de très mauvaise qualité. Dès lors, ils avalent essentiellement des renforçateurs de goût et des graisses.

Conduits par le plan du supermarché, les deux couples débouchent sur les fromages. Comme pour les matières grasses, Céline n'a que l'embarras du choix et les papilles en éveil. Les emballages ont été conçus pour rappeler les produits originaux, les pseudo-camemberts sont ronds, les tommes *ersatz* arborent de belles croûtes, et les pâtes dures artificielles un packaging évoquant leur pays d'origine. Quant à Pauline, si elle était plus attentive, elle se rendrait compte que les teneurs en matières grasses de ces « fromages » varient de 25 à 45 %. En somme, que certains produits dits diététiques sont très proches de ceux qu'ils imitent. Celui qu'elle achète contient 300 kilocalories aux 100 grammes quand un vrai camembert en revendique 400. Si elle surveillait les prix, elle découvrirait aussi qu'ils sont plus chers que les fromages originaux. Son mari, quant à lui, se fiant toujours à des critères basés sur ses connaissances « scientifiques », jette son dévolu sur l'emmental, aliment dit très riche en calcium. Il le préfère en sachet, déjà écroûté, mais ignore que le calcium se cache à la périphérie du fromage : la croûte en contient plus que le cœur.

Pauline, qui croit sain d'avaler du fromage au petit déjeuner, propose à Benjamin d'acheter du « kosac » allégé, ce qui évitera le beurre sur la tartine et lui procurera les avantages du fromage. Si elle avait retourné le produit pour détailler sa composition, elle aurait lu qu'il s'agit d'un mélange vaguement lacté, additionné de quelques gélifiants. En somme, une pâte synthétique, fabriquée à partir de lait et de nombreux additifs, un agrément pour le pain qui n'est en rien un aliment réel. Sur l'ensemble des produits allégés offerts aux regards de Pauline et Benjamin, la valeur calorique peut varier de 108 à 370 kilocalories pour 100 grammes. Et si l'on se fie aux noms qu'on connaît – calcium, magnésium – pour effectuer un tri dans les différents fromages, on n'a pas non plus le moyen de distinguer lequel en contient le plus…

Céline et Sébastien, de leur côté, poursuivent leurs emplettes. Les fromages étant de plus en plus vendus en portions, avec des nappages (poivre, noix, raisins secs…), en bocal dans de l'huile, et parfois en sachet tout prêt, ils ont sélectionné une raclette prédécoupée. Les morceaux calibrés, 150 grammes par personne, équivalent à 600 kilocalories – soit à 500 grammes de poisson, par exemple.

La gamme des produits apéritifs fromagers a elle aussi changé. Fini le temps des petits cubes. Désormais, certains sont disposés sur une sorte de plateau en plastique grâce auquel les fromages ressemblent à de petits pâtés. On les appelle les «Provençaux», les «Italiens», les «traditionnels». S'ils retournaient la boîte, nos consommateurs noteraient encore une fois que ces fromages contiennent 70% de matières grasses. Qu'ils sont tous élaborés de la même façon, et que la seule chose qui les distingue c'est la microparticule d'herbe posée dessus. Si on se bandait les yeux pour goûter l'un ou l'autre, on serait bien incapable de les distinguer.

Sébastien aime les fromages à tartiner mais ne se sert pas dans la gamme diététique. Plus les fromages sont onctueux, plus ils sont enrichis en graisse. Ainsi, entre la tomme de Savoie naturelle et le Saint-Frusquin qu'il met dans son caddie, il existe une différence du simple au double en valeur calorique. Sa consommation en graisse augmente dès lors d'autant. 25 grammes de tomme de Savoie valent en effet 70 kilocalories, 25 grammes de Saint-Frusquin 150!

Autre rayon de la tentation : celui de la charcuterie. Fini le temps du jambon à la coupe, ou des premiers jambons sous sachet. Désormais, ils viennent de partout – des Ardennes, de la vallée d'Aoste, d'Espagne, de Westphalie ou de Bayonne. Ils sont rustiques, fumés, avec ou sans poivre, finement tranchés.

Pauline, elle, sait quoi acheter : elle a repéré du jambon à moins de 2% de matières grasses. Mais ce qu'elle croit être un jambon est en fait un agrégat de dindonneau, chimiquement dégraissé et coupé en tranches après reconstitution. S'il est vrai que ce produit se révèle très maigre, il n'en reste pas moins un *ersatz* de jambon... extrêmement salé. Et comme elle ne pourra se contenter d'une tranche ou deux, l'excès en sel renforcera son désir d'en manger davantage.

Quant aux autres charcuteries, elles lui sont toutes interdites, elle le sait depuis fort longtemps. Pauline évite donc de prendre de la viande des Grisons, la croyant aussi préjudiciable à sa ligne que les autres. Elle se trompe encore puisqu'il s'agit d'une viande de bœuf séchée, relativement maigre. Elle ne connaît pas non plus la différence entre une tranche de dinde, une tranche de dindonneau et une tranche de poulet, alors que ce dernier est le plus gras des trois. Elle achète de petites saucisses de Francfort, estimant que cela pourra remplacer la viande, mais si elle lisait l'étiquette, elle verrait que cet aliment est plus riche en matières grasses qu'en chair.

Céline et Sébastien, eux, continuent leurs courses sans percevoir à quel point la présentation influe sur leurs goûts alimentaires. La miniaturisation est un de leurs dadas. Or le saucisson existe dorénavant en baguettes, en petits morceaux, en portions individuelles, si mignons qu'on a envie de les manger tous en deux temps trois mouvements. Hélas pour eux, un petit saucisson individuel pèse le poids de trois ou quatre tranches. Comme ils viennent successivement d'acheter des dés de poisson, des minifromages et des saucissons miniatures à consommer à l'apéritif, ils ont, sous l'influence du distributeur et du fabricant, multiplié quasiment par deux la quantité de nourriture consommée durant un repas. Beau bilan !

Pauline ne sait plus où donner de la tête devant les yaourts, tant le choix apparaît pléthorique. Aliment sacré s'il en est, le yaourt représente une immense part de marché pour les industriels. La matière première est économique, puisque c'est le lait. Fidèle à sa religion diététique, Pauline les achète donc au rayon régime. Son critère habituel de sélection : la teneur en matières grasses. Mais là, elle va être victime d'un tour de passe-passe, car l'artifice principal de cette fameuse teneur en matières grasses tient à ce qu'on la mesure soit sur le poids total du produit, soit sur la matière sèche.

Imaginons un fromage blanc débarrassé de toute son eau. Quand on dit qu'il contient 40 % de matières grasses, c'est qu'il reste 40 % de graisses dans la matière sèche. Si on ajoute de l'eau, bien sûr, la matière grasse n'aura pas varié. Mais le pourcentage de matières grasses par rapport au poids total se montrera forcément beaucoup plus faible. Si bien que le fameux fromage blanc Iceberg à 6 % de matières grasses dans le poids total est en fait un produit qui contient plus de 60 % de matières grasses par rapport à la matière sèche. Si elle lisait attentivement la composition, elle découvrirait en outre qu'il est fait de lait écrémé et... de crème fraîche, pour lui donner son côté onctueux.

Il en va de même pour les yaourts enrichis en fruits : leur teneur en fruits ne dépasse guère 10 à 12 %. Ce qui signifie que, dans un yaourt, il y a environ 10 grammes de fruits. En réalité, le goût fruité est conféré par des arômes chimiques. Ces additifs aromatisent n'importe quel produit de n'importe quelle façon. Si l'on utilisait par exemple les arômes qui servent à parfumer le surimi, on pourrait consommer du yaourt au crabe ! Quant au yaourt fermier, il s'agit juste d'une appellation publicitaire : il n'a jamais vu la campagne, et tout au plus sa consistance imite-t-elle les vrais yaourts fermiers, là encore grâce à des méthodes artificielles.

Si l'on surveillait attentivement les linéaires, on constaterait par ailleurs que la permutation de produits est très fréquente. Histoire de bouleverser les habitudes et de déstabiliser le consommateur. La technique de fabrication des yaourts et des fromages blancs repose sur des mécanismes simples : on utilise du lait que l'on fermente avec des bactéries, et ensuite on le coagule. Or, c'est du mode de coagulation que dépend sa texture. Faiblement coagulé, c'est un yaourt bulgare liquide, mais, fortement coagulé, un produit très compact. Quant à la fermentation par les bactéries, elle a été utilisée comme un moyen de vendre. Entre *lactofilus acidofilus* ou *biofidus activus*, il y a bien peu de différence. Aucun n'est plus sain ou plus actif qu'un produit laitier qui n'en contient pas, la digestibilité et la fermentation servant seulement d'argument commercial.

Pauline n'achète plus depuis longtemps de yaourts sucrés. Comme presque tous les Français marqués par la vague anti-sucre qui a déferlé dans les années 1980, qui ont quasiment banni ces produits des rayons diététiques. Résultat : on s'en méfie, même dans les produits dits « normaux », lesquels sont pourtant tous édulcorés. C'est d'ailleurs ce que conteste Benjamin. « L'aspartame, assène-t-il, donne le cancer ! » C'est pourtant une rumeur. Une expérience effectuée sur des souris a démontré qu'en cas d'ingestion trop importante de saccharine, on notait l'apparition de formes de cancers sexuels chez les petits de ces souris. Le hic, c'est que les doses utilisées représentaient quasiment la moitié du poids de ces malheureux rongeurs. Et comme Pauline et Benjamin ont peu de chances de consommer 20 à 30 kilos d'édulcorant par jour...

Céline et Sébastien n'ont sur le sujet aucun scrupule. Ils se régalent des yaourts à boire, des fromages frais nappés de coulis de fraise ou de framboise, des mélanges lactés chocolatés recouverts de textures savantes. Allure sucrée de ces produits, et quantités de graisses pas moins importantes.

À l'extrémité du rayon des produits laitiers apparaissent même de nouveaux aliments. L'un d'entre eux est particulièrement original, avec son allure proche du biberon. Son étiquette est très attractive puisque ce produit est supposé donner de l'énergie pour travailler tout au long de la journée et contribuerait à améliorer la forme. Sa composition : 80 % de sucre, 20 % de graisse. Sans crainte du ridicule, l'étiquette annonce : ferments lactiques « qui aident à se défendre contre l'extérieur ».

Dans la mesure où la législation contraint le fabricant à noter la valeur calorique de l'aliment et certaines références, celui-ci s'y plie. Et comme il est d'usage désormais de marquer cette quantité par portions, il le fait. Encore faut-il que cette portion soit une portion moyenne. Sur l'étiquette des yaourts à boire, on peut lire le nombre de calories pour la totalité du produit ainsi que pour 100 grammes, c'est-à-dire un verre ballon. De la même façon, pour tricher de façon discrète, on indique le pourcentage de sucre : 6 % de sucre, cela paraît peu. Cela fait tout de même 60 grammes de sucre. Soit l'équivalent de quinze morceaux par litre...

Un terme générique a été inventé pour qualifier ces créations : les « alicaments ». On se soignerait en mangeant. Ce nouveau concept pousse en fait à consommer des aliments qui véhiculent non un goût ou une saveur, mais une valeur nutritionnelle. Ainsi, on ne mangera plus des fruits secs mais du magnésium ou du potassium ; on ne consommera plus certains produits laitiers mais des ferments lactiques ; on organisera son petit déjeuner en fonction des apports nutritionnels, et non à travers ses choix ou ses goûts alimentaires. Benjamin, grand adepte de cette révolution des saveurs, a un œil de plus en plus exercé pour distinguer ce qui lui faut, mais s'abandonne totalement aux choix proposés par l'industrie alimentaire à travers la publicité ou les médias.

Autre exemple frappant, celui des céréales, championnes de l'alicament déguisé. Tous les discours ne nous vendent-ils pas du bien-être et la forme? L'analyse nutritionnelle des différentes céréales laisse pourtant rêveur. Le blé est une céréale dont la forme composée la plus parfaite, on l'a déjà vu, s'appelle le pain. Or, les céréales en sachet que l'on achète avec bonne conscience, en sélectionnant prudemment une marque particulière, ont exactement la même valeur nutritionnelle qu'un morceau de pain. La différence, c'est qu'avant on tartinait son pain, on y mettait du miel, on le trempait dans son café au lait et on culpabilisait. Alors que manger des céréales mouillées de lait – ce qui revient pourtant au même – gêne moins. La différence de goût entre deux marques de céréales dépend de ce que l'on y adjoint. Mais rien ne ressemble davantage à une boîte de céréales qu'une autre boîte de céréales. Entre celles que l'amateur de régime se contraint à avaler et d'autres aromatisées au chocolat dont il raffole, il n'y a guère que 100 kilocalories de différence aux 100 grammes.

Autre substance à la mode: les barres de céréales. Pour Pauline, elles ont une valeur particulièrement importante puisqu'elle estime que, dans le cadre des différents régimes qu'elle entreprend, elles constituent son seul aliment pour se couper l'appétit dans l'après-midi. Cette fois, elle les choisit surtout pour leur goût. Elle est victime de l'idée très répandue qui consiste à penser que les barres de céréales ont une valeur diététique identique et se ressemblent toutes. En réalité, comme on les fabrique en mêlant des produits sucrés (chocolat, miel, sucre) à des morceaux de céréales – grains de blé ou de maïs soufflés, voire fruits secs –, la teneur énergétique de ces produits peut varier de 100 à 200 kilocalories par barre. L'ennui, c'est que ce nombre de calories s'exprime sur un poids d'aliment minime, puisque les plus grosses d'entre elles pèsent communément 30 grammes. En les consommant, Pauline est persuadée de dompter définitivement ses fringales, alors que le sucre qu'elles contiennent calmera en effet son envie sur l'instant, mais augmentera son envie de manger une heure plus tard. Sans le savoir, elle ne fait que s'ouvrir l'appétit.

Au rayon des confiseries, Pauline et Benjamin ne veulent encore succomber qu'aux bonheurs du light. Voilà une appellation qui ne manque pas de souffle! Inventée il y a quelques années, elle ne veut quasiment plus rien dire. Persuadés que le sucre est l'ennemi de la silhouette des temps modernes, ils contrôlent strictement leur consommation tout en faisant n'importe quoi. Pour donner deux exemples caricaturaux, ils ne consomment plus que du chocolat light ou de la confiture allégée. Mais connaissent-ils la différence réelle entre tous ces produits? Le chocolat light, élaboré la plupart du temps avec du lait écrémé, contient en moyenne 530 calories aux 100 grammes. Le chocolat classique, au lait entier, lui, 570 calories pour la même quantité... soit un écart de 40 calories. Quand elle utilise du chocolat light, Pauline fait donc sur sa consommation une économie de l'ordre de 3 ou 4 kilocalories par carré.

Pour ce qui est du chocolat noir, différent du chocolat au lait par la quantité de fèves de cacao qu'il contient, sa bonne réputation date des régimes faisant promotion de la consommation exclusive de graisse. Cette particularité fait qu'il affiche environ 560 kilocalories aux 100 grammes, soit 10 kilocalories de moins que le chocolat au lait, et 20 de plus que le chocolat light. Quand Pauline consomme du chocolat noir à la place du chocolat au lait, elle fait l'économie de 0,5 calorie par carré... Est-ce vraiment la peine de se contraindre? D'autant que cette consommation contrôlée constitue pour elle une source de frustration importante. Une frustration qui intensifie son désir de manger!

Pour les confitures dites light, la différence se fait au niveau du sucre utilisé lors de la fabrication. L'artifice est simple : utiliser du fructose au lieu du saccharose, le second étant le sucre commun que nous consommons en morceaux, le premier un sucre plus complexe ayant la particularité de détenir un pouvoir sucrant deux fois supérieur. S'il est relativement facile de remplacer le saccharose par du fructose pour obtenir un produit légèrement amélioré, n'oublions pas que, ce qui fait la confiture, c'est encore le fruit. Or le fruit lui-même est déjà riche en sucre. Dès lors, la différence entre une confiture allégée et une confiture normale se révèle, comme pour le chocolat, tout à fait infime.

Au rayon des surgelés, Céline et Sébastien jubilent. D'ailleurs, ils n'achètent plus qu'une seule marque de ces produits, celle d'un très célèbre chef de cuisine. Dans une boîte cartonnée qui contient un récipient en plastique, lequel abrite des sachets de sauce, se trouve la quintessence de la cuisine de qualité. De leur côté, Pauline et Benjamin s'arrêtent moins qu'auparavant devant ces bacs réfrigérés, parce que la vogue des produits diététiques congelés s'est tarie. Il était en vérité difficile de vendre des produits contenant 300 calories à la fois goûteux et copieux : la consommation ayant diminué, les fabricants s'y intéressent moins qu'auparavant. Pour s'y retrouver, l'industrie a conclu qu'il était plus intéressant de vendre des surgelés préparés attractifs et stimulants plutôt que diététiques.

C'est donc plutôt vers les glaces que les regards de Pauline et Benjamin se tournent, puisqu'ils vont y trouver des sorbets ou des glaces light... reposant sur les mêmes artifices que ceux du chocolat ou des confiseries. Remplacer le saccharose par du fructose, augmenter la teneur en eau de certains produits constituent des méthodes classiques de la réduction en calories des aliments.

Pour les boissons, le light côtoie là encore le non-light. On y trouve des bières sans alcool, des eaux aromatisées, d'autres riches en calcium ou en magnésium. On a même vu des eaux light et diététiques ! Quant aux boissons énergétiques, elles n'occupent désormais plus qu'une petite place, ayant changé d'emplacement depuis qu'elles ont changé de consommateurs. Désormais, on les classe parmi les produits de régime. L'alimentation suit la mode.

Je pourrais continuer presque indéfiniment ce voyage dans le temple de la tentation qu'est un supermarché, lieu de culte de la grande consommation où nombre d'adeptes crédules succombent, aux messages publicitaires, aux emballages bien faits, aux tendances.

Qu'on leur vende du pratique, du tout-prêt, du rêve ou de l'affectif, sous couvert de light ou de lutte contre le poids, les consommateurs ont additionné les erreurs. Par méconnaissance et à cause des idées reçues, des croyances erronées et parce que leurs esprits sont façonnés. Le light n'est, dans la plupart des cas, nullement présent en rayon par philanthropie, pour aider les consommateurs à maigrir – ou ne pas grossir –, mais pour répondre à une demande, quitte à travestir la réalité, enrichir les linéaires et engraisser les bilans de fin d'année des grandes entreprises. Le tout servi sur un plateau par des discours, des stratégies marketing...

On le sait, il n'y a pas de recette miracle. Pour mincir, il faut manger mieux et moins riche. Or les supermarchés, comme les publicités qui nous vantent leurs produits, sont là... pour nous inviter à consommer plus. Guy, avec son sens de la démesure, les nomme les dealers. Pour une fois, il est à peine excessif dans son jugement.

QUELQUES HISTOIRES DE POIDS...

Dans les entretiens que je mène avec mes patients, je ne manque jamais de poser des questions pour comprendre quand, comment est arrivée cette surcharge pondérale qui va entraîner tant de frustration et une détresse quand elle se transformera en obsession. De quoi croquer une vraie galerie de portraits, de profils et de raisons récurrentes.

Marie, une jeune femme d'une trentaine d'années, vient me voir en consultation à la fin du mois de septembre, se plaignant de traîner en permanence quelques kilos en trop. Jusqu'à ces dernières années, elle s'est satisfaite d'avoir deux poids – + 2 kilos en hiver et – 2 kilos en période estivale –, l'équilibre étant rétabli très vite au début de l'été à l'aide d'un régime modeste.

Cette année, elle a récidivé : elle a fondu de 4 kilos entre mai et juin. Et, durant les vacances, elle a mangé ce qu'elle aime sans avoir le sentiment de se priver. Au retour, elle a été heureusement surprise d'avoir perdu 1 kilo de plus.

Fin septembre, pourtant, elle constate que, sans avoir changé la quantité de nourriture qu'elle absorbe d'ordinaire, bien moindre qu'en août, elle a repris 5 kilos. Elle est donc convaincue de grossir tout en mangeant moins, et persuadée que son corps se modifie, persuadée qu'elle est condamnée à garder ces 5 ou 6 kilos supplémentaires.

On s'en doute, il n'y a jamais ni miracle ni magie dans les prises de poids et dans les amaigrissements. Si la jeune femme a pris des kilos en septembre, c'est parce qu'elle a mangé plus qu'au cours de son régime en mai-juin ou que durant les vacances. Son erreur tient à la difficulté que nous rencontrons tous à déterminer exactement ce que nous absorbons.

Une expérimentation allant en ce sens s'est déroulée au Danemark il y a quelques années. Pendant huit jours, une vingtaine de volontaires ont accepté d'être filmés à l'intérieur d'un appartement, les caméras étant dirigées sur les zones où les occupants pouvaient trouver des aliments. Durant cette semaine, les caméras ont scrupuleusement enregistré, du réveil jusqu'au coucher, ce que les cobayes portaient à leur bouche. À la fin de l'expérience, les organisateurs demandèrent aux volontaires ce qu'ils avaient consommé au cours de la semaine. À leur grande surprise, la différence entre ce qu'ils disaient avoir mangé et la réalité s'élevait à 30 %. En somme, chez des personnes qui ne pouvaient être suspectées de tricherie, la prise de conscience de ce qu'elles avaient consommé ne concordait en aucune manière avec la réalité.

Aucun d'entre nous n'est en fait capable de dire ce qu'il a précisément ingurgité dans une journée, du matin au soir, lorsqu'on le questionne une semaine plus tard. Si on nous interroge sur ce que nous avons mangé tel jour, nous nous souviendrons du plat le plus marquant : un bœuf bourguignon, un feuilleté au saumon, mais pas du reste. Or, l'alimentation regroupe ce que nous avalons au cours des repas, mais également ce qui est pris en dehors. Mâcher un sandwich, prendre un bonbon sur le bureau d'un collègue, finir un déjeuner par trois carrés de chocolat, autant de gestes *a priori* anodins, et parfois inconscients, qui ont un coût calorique. Tout ce que nous consommons possède une valeur énergétique, même la salade verte. L'équilibre de notre poids dépend uniquement de notre façon de manger en plus ou en moins.

Le vrai problème de Marie est de parvenir à faire la part exacte des choses. Comment a-t-elle mangé avant ses vacances ? C'est d'après sa réponse qu'on connaîtra la vérité. Je la questionne sur son régime. Elle l'a suivi scrupuleusement, mangeant matin, midi et soir. Et quand, dans l'après-midi, une sensation de faim la tenaillait, elle croquait dans une pomme ou s'offrait un yaourt à 0 %. Pas de quoi justifier une telle reprise de poids.

En l'interrogeant plus longuement, en bavardant de choses et d'autres, j'apprends aussi qu'elle connaît des ennuis professionnels. Une de ses collègues se comporte d'une manière très agressive à son égard, essayant de la prendre en défaut vis-à-vis de sa hiérarchie. Par moments même, sans que Marie sache pourquoi, elle ne lui adresse plus la parole. En fait, sa collègue la prive du plaisir qu'elle éprouve habituellement à aller au travail. C'est ce qu'on appelle un microstress. Par ailleurs, en plus de ce problème qu'elle dit pouvoir supporter en faisant un effort sur elle-même, elle aimerait déménager, mais ses moyens ne lui permettent pas de dénicher l'appartement de ses rêves là où elle le désire, près de son bureau. Bref, c'est un autre microstress. Marie a également des soucis de voiture : elle va être obligée d'engager des réparations relativement importantes et s'inquiète de savoir comment régler la facture. Révélation d'un troisième microstress.

En fait, ma patiente vit l'existence de chacun d'entre nous : elle affronte des préoccupations courantes qui semblent de peu d'intérêt, alors que l'accumulation de ces désagréments représente au final une source d'angoisse importante pour elle.

Tant et si bien qu'au lieu de regarder le soleil briller et de bavarder agréablement avec une amie, Marie pense à sa voiture en se levant, à sa collègue sur le chemin du travail, et à son appartement en revenant à son domicile le soir. Sa vie devenant moins plaisante, un réflexe l'incite à compenser les « frustrations » ressenties par des plaisirs... gourmands, dans lesquels elle ne voit aucun péril.

Résultat, au fur et à mesure de la conversation, Marie me raconte ses soucis, mais me parle de moins en moins de son problème de nourriture, lequel constitue pourtant la raison de sa consultation. Elle finit même par m'avouer se sentir très irritable depuis la fin des vacances et trouver son existence moins agréable qu'elle le souhaiterait.

En fait, lorsque Marie est en vacances, libre dans sa tête et dans son corps, elle obéit aux besoins de son organisme et mange seulement quand elle a faim. Ses seules préoccupations sont alors les loisirs qu'elle a choisis et le plaisir qu'elle va en retirer. De surcroît, au lieu d'être tentée par la nourriture comme dans son appartement parisien, elle se trouve à l'extérieur du matin au soir, déjeune à la plage, élimine tous les facteurs de stress habituels et sort d'un environnement où l'alimentation se révèle trop présente.

En temps ordinaire, la tension ressentie à partager le bureau avec sa collègue transforme le repas en instant de relaxation et la pousse à dévorer. Par ailleurs, ses soucis prennent le pas sur tout le reste et l'incitent à compenser.

Ce qui la conduit, en milieu d'après-midi, à grignoter du chocolat. Lors des repas, tout en croyant manger moins qu'en vacances, elle choisit des aliments plus riches dans des quantités plus copieuses. Et si elle s'agace de grossir, en réalité, elle est énervée par ce qui arrive dans sa vie. La nourriture lui sert à freiner cette tension, qui atteint parfois l'angoisse, voire une petite dépression.

L'histoire de Marie, en fait, est extrêmement banale : c'est celle de tous ceux qui subissent des contrariétés quotidiennes. Les problèmes quotidiens conduisent à une augmentation de la consommation de nourriture, à une absence de cohérence dans la prise alimentaire, et inéluctablement à une prise de poids. Laquelle devient elle-même un facteur de stress qui s'ajoute aux autres. Nous mangeons parce que nous avons un problème, mais le fait de manger nous fait grossir et nous crée un problème !

Une situation qui ne concerne malheureusement pas que les adultes...

Toujours au mois de septembre, je fais la connaissance de Lucie, une petite fille de dix ans qui présente à l'évidence un surpoids. Sa maman s'inquiète : elle a en effet pris 7 kilos en six mois.

Après avoir éliminé les maladies susceptibles de provoquer cette surcharge, je décide de les interroger toutes les deux sur la famille, à la recherche de désordres récents – divorce, déménagement, changement d'école ; bref, tous ces événements qui peuvent bouleverser la vie d'un enfant.

Puis je cherche dans l'environnement de Lucie si quelqu'un peut lui poser un problème – un frère, une sœur, son père, sa propre mère, parfois un grand-parent, un ami, un voisin... Mais son existence, hors école, est parfaitement harmonieuse au sein d'une famille tout à fait équilibrée et d'un environnement chaleureux. D'où vient donc le malaise ?

Je m'intéresse alors à la période où Lucie a commencé à grossir. C'était au mois de mars. Je lui demande ce qui s'est passé à l'école depuis cette date. Nous parlons des professeurs, de la cour de récréation. « Lucie a-t-elle des amies ou une amie en particulier ? » demandé-je. D'un coup, son visage se ferme, et elle fond en larmes. Comme sa réaction prouve que le sujet mérite que l'on s'y attarde, je la questionne plus avant.

Elle m'explique qu'elle avait une copine avec qui elle partageait tous ses jeux, qu'elle voyait le mercredi, invitait de temps en temps à dormir chez elle, et réciproquement. Un jour de mars, pourtant, sans explication, sa camarade a fait alliance avec une autre fillette, contre Lucie. Lucie s'est sentie harcelée, les deux gamines ne pensant qu'à faire des blagues à ses dépens durant les récréations et à la snober à la sortie de l'école.

J'avais donc mis le doigt là où ça faisait mal. Ayant décodé l'origine du malaise, nous avons pu progresser. N'étant plus dans la même classe que son ex-camarade depuis la rentrée des classes, Lucie a décidé de maigrir et demandé à sa mère de l'aider.

Qu'on me comprenne bien. Comme proportionnellement à la taille d'un petit enfant une cuisinière est haute comme un immeuble, la taille des soucis d'un enfant correspond à sa propre hauteur. Ces ennuis *a priori* bénins avaient en fait pris une proportion incroyable pour elle. Lucie s'est sentie agressée. Or, dans la mesure où, dans cette famille équilibrée et heureuse, les repas sont une fête, et la gourmandise un plaisir, manger fut pour la fillette une compensation à son malheur.

Pour guérir Lucie, il ne suffisait donc pas de lui prescrire un régime, mais aussi de lui faire raconter ce qu'elle avait ressenti pour qu'elle en découvre la réelle dimension. En demandant à maigrir, elle avait déjà décidé de guérir. Et en retrouvant le poids qu'elle pesait avant l'incident, elle allait éliminer la séquence traumatisante. Guérissant dans sa tête, elle allait maigrir dans son corps.

Ces deux exemples illustrent un des phénomènes les plus courants de la vie contemporaine : les ministress ou l'addition des ministress créent des frustrations importantes. En l'absence d'une oreille attentive ou compréhensive, une seule réponse s'impose pour contrer ces agressions : la nourriture.

Faire un régime dans ce cadre n'a de chance de succès que s'il y a mise en évidence des problèmes. Comme je l'ai déjà montré, suivre un régime est une frustration. Si on ajoute cette frustration aux agressions que Lucie ou Marie ont ressenties, on court inéluctablement à l'échec. En revanche, si l'on évacue ces stress, on retrouve le calme, la prise alimentaire n'est plus pulsionnelle et se stabilise. Pour quelqu'un qui n'a pas l'habitude d'être gros, il y aura dès lors retour au poids normal.

Christelle est une jeune femme de trente ans affligée d'un surpoids considérable : elle pèse 130 kilos pour 1,72 mètre.

Elle n'arrête pas de faire des régimes, mais chacun s'est révélé un échec cuisant : elle a repris chaque fois ce qu'elle avait perdu. Elle est cependant persuadée qu'à force de persévérance elle finira par trouver une solution.

Derrière son apparent détachement, je sens toutefois une tension, une fébrilité même. Ses gestes sont saccadés, son débit de paroles heurté. Elle affiche un air faussement décontracté mais se passe souvent la main dans les cheveux. Tout un ensemble de signes qui trahit une violente émotion intérieure. Son problème, me dit-elle, c'est qu'elle mange correctement à chaque repas, mais qu'elle a de temps en temps des pseudo-crises de boulimie. Ou alors, explique-t-elle encore, lorsqu'elle commence à manger un aliment, elle ne peut plus s'arrêter. Une dérive qui concerne aussi bien les biscuits apéritifs que le chocolat ou les pâtes.

Je lui prescris un régime normalement restrictif, aux alentours de 1 400 kilocalories, auquel j'ajoute du Prozac® à prendre en début d'après-midi. Et je lui explique que ce type de médicament permet de lutter contre les troubles pulsionnels, ce qui est la stricte vérité. Je sais que cette pilule est un antidépresseur, qui l'aidera à surmonter la tension que je perçois mais qu'elle n'arrive pas à avouer, même si elle se sent particulièrement détendue avec moi. Comme c'est une femme très intelligente, qui réussit bien dans sa carrière de directrice des ventes dans un grand laboratoire pharmaceutique, elle accepte.

Les consultations s'égrènent au fil des semaines, et Christelle perd très rapidement du poids. Elle passe en l'espace de quatre mois de 130 à 98 kilos. Un résultat magnifique. Je pourrais m'en satisfaire et attendre la suite quand un phénomène très curieux se produit.

Christelle perd 5 à 6 kilos en quinze jours, mais la troisième semaine, elle en reprend 3. Elle me dit que le Prozac® a beaucoup changé sa vie, mais j'observe de mon côté que, ces semaines-là, elle apparaît particulièrement triste, un peu perdue, avec les idées ailleurs.

Un jour, comme elle arrive dans mon cabinet extrêmement irritable et tendue, je lui demande ce qui se passe. Et elle de me répondre, d'un ton sec qui m'intrigue plus encore : « Rien ! » Je la pèse : elle a repris plus de 2 kilos. Au moment où je lui explique qu'elle ne peut continuer en permanence à connaître de tels effets de yo-yo, elle éclate en sanglots et me raconte qu'elle a passé un week-end abominable dans sa famille. Et là, je découvre la clé du mystère : elle a une sœur, mariée avec deux enfants, alors qu'elle-même est célibataire, et toutes les deux ou trois semaines, l'ensemble de la famille se réunit au grand complet en Bretagne, chez les parents. Ses neveux ayant été particulièrement désagréables, Christelle a reproché à sa sœur de mal les élever et a regretté qu'ils se comportent d'une façon fort désinvolte envers leurs grands-parents. Une sortie qui a fait un scandale. Ses parents ont répliqué que cela ne les dérangeait pas et ont critiqué son intervention ; sa sœur lui a dit de s'occuper de ses affaires et de se regarder avant de juger les autres. Bref, elle s'est sentie doublement culpabilisée.

Autre paramètre majeur : depuis que Christelle maigrit, elle se fait plus souvent agresser par les siens qu'auparavant. Alors que sa famille lui conseillait de perdre du poids, elle éprouve désormais le sentiment que ses proches ne supportent pas de la voir changer. Je lui demande de me raconter l'histoire de sa famille et de m'expliquer les rapports entre les uns et les autres. Une nouvelle porte va s'ouvrir.

Christelle ayant longtemps été la préférée de ses parents malgré son célibat, sa sœur se montre extrêmement jalouse de sa réussite professionnelle, nettement supérieure à la sienne – situation qu'elle a rééquilibrée en ayant un mari et deux enfants. L'amaigrissement, en somme, remet en question tout le schéma familial.

Pendant des années, comme Christelle se sentait plus aimée par ses parents, elle supportait sans broncher la jalousie de sa sœur et se retenait de lui asséner ses quatre vérités. Mais elle avalait sa rancœur en même temps que de la nourriture, se constituant une masse capable de la protéger des agressions familiales. Aussi, en revenant dans sa famille, durant son régime, elle reprend ses mauvaises habitudes alimentaires et, en mangeant, fait entrer dans son corps, de façon symbolique, toutes les réflexions qu'elle enregistre.

Pour s'en sortir, Christelle décide donc de stopper momentanément tout contact avec les siens. Une rupture qui la rend triste, mais qui lui paraît indispensable : il lui faut couper ce double cordon ombilical.

Dans cette histoire, il faudrait en vérité soigner tout à la fois les parents, pour leur faire comprendre que la préférence qu'ils ont pour Christelle n'est pas malsaine, et également sa sœur, afin de lui montrer qu'il n'y a pas de raison d'éprouver de la jalousie.

Aujourd'hui, Christelle a considérablement maigri et vit avec un jeune homme. Elle maintient le contact avec sa mère, mais n'a plus aucune relation avec sa sœur.

Vingt-cinq ans, 80 kilos, 1,65 mètre. Devant moi, Sandrine me raconte l'histoire habituelle : elle ne mange pas et grossit. À chaque consultation, je constate qu'elle n'a pas perdu 1 gramme alors qu'elle m'assure suivre son régime à la lettre. Lorsque je la revois, je lui propose donc de tenir un carnet alimentaire, sorte de journal de bord où elle inscrira tout ce qu'elle mange. Elle revient la semaine suivante avec un cahier parfaitement rempli, mais sans aucune modification de poids. Seul changement : cette fois, sa mère patiente dans la salle d'attente.

La mère tient absolument à me parler. Avec l'assentiment de Sandrine, je fais entrer Martine dans le bureau pour l'entendre m'expliquer que sa fille est immature, n'arrête pas de manger en dehors des repas, se gave de chocolat et de friandises. Durant la diatribe, Sandrine n'ouvre pas la bouche. Je perçois son exaspération, mais elle se tait.

Les consultations reprennent, avec la mère présente à chaque rendez-vous. J'éprouve rapidement une irritation grandissante à son encontre. En fait, j'ai pris le parti de la jeune femme : Martine est si invasive, intrusive, qu'à travers son corps Sandrine manifeste son rejet tout en absorbant, symboliquement, sa mère. Le problème, c'est qu'elle se sent coupable d'avoir été un fardeau pour sa mère abandonnée par son mari, et qu'elle s'interdit du coup de la contrarier. D'autant qu'elle est l'objet principal de la vie de Martine, bien que la femme abusive se soit remariée avec un homme plus âgé. Sandrine est donc au cœur des préoccupations de Martine, qui ne sait s'occuper que d'elle et l'envahit totalement.

Lorsque je reçois le fiancé de Sandrine, il m'explique que la mère est toujours chez eux, téléphone plusieurs fois par jour, arrive sans prévenir et entre sans sonner parce qu'elle a gardé les clefs de l'appartement qu'elle leur prête. En fait, Martine tente de vivre la vie de sa fille par procuration, intrusion contre laquelle Sandrine se protège en augmentant de volume. Et elle n'a plus envie de maigrir depuis que Martine s'occupe de son amaigrissement. Un drame extrêmement fréquent.

Autant d'exemples de « vampirisation » à rapprocher d'un cas rapporté par Freud : celui d'une femme qui s'évanouissait chaque fois qu'elle sentait l'odeur du cigare associée dans son esprit à une scène traumatisante. Ce mécanisme de transfert psychologique s'observe chez les sujets qui n'arrivent pas à manifester leur agressivité à l'égard de l'intrus. Les repousser consiste à augmenter le volume de leur corps en mangeant pour signifier qu'ils se « gavent » de la personne présente.

Mariée depuis trois ans, Sophie bénéficie d'une situation professionnelle convenable et vient me voir pour perdre 4 kilos. Elle m'explique avoir commencé à grossir au début d'un traitement contre la stérilité, la prise de poids étant une conséquence fréquente de l'administration de certains médicaments. Pourtant, après quelques consultations, son poids n'évolue pas comme il le devrait.

Lorsque je lui reproche de ne pas suivre mes prescriptions, elle s'énerve. Et elle concède, d'un ton agressif, que s'il lui arrive de faire quelques petits écarts, dans l'ensemble, elle fait attention. Lors d'une autre visite, alors que nous répétons quasiment les mêmes propos, Sophie baisse la tête, se mure dans le silence et fait de gros efforts pour ne pas pleurer. Quand je lui demande si elle est malheureuse de ne pas avoir d'enfant, elle me rétorque que cela ne me regarde pas, qu'elle est là pour maigrir et non pour répondre à des questions déplacées.

Au stade où nous en sommes, autant insister. Aussi je lui explique que je connais d'autres femmes dans la même détresse, et que certaines culpabilisent, considérant que leur mari peut leur reprocher l'absence d'enfant dans le couple. Elle me réplique que ce n'est pas son cas : en l'occurrence, c'est son mari qui est stérile, et elle qui se voit contrainte de suivre un traitement pour accroître sa fécondité. J'ajoute que d'autres femmes culpabilisent parce qu'elles s'étaient persuadées que leur vie devait se dérouler selon le schéma immuable mariage-enfants. Mais elle me renvoie de nouveau dans les cordes, tout en perdant cependant un peu de son agressivité.

En fait, elle s'est mis en tête que, si elle voulait un enfant, il lui faudrait divorcer d'un mari qu'elle aime profondément, parce que, dans son esprit, un couple réussi ne peut rester sans descendance ! Son désir étant de rester avec son mari, le fait de grossir permet quasiment à Sophie de croire qu'elle est enceinte. Quand je lui explique ma théorie – grosseur, grossesse –, elle se détend et se montre extrêmement séduite.

Pour stabiliser son humeur, je lui prescris un médicament. La semaine suivante, après avoir longuement discuté avec son mari et fait état de ses craintes, elle a perdu 2 kilos. Elle réalise que son amour pour son conjoint est plus important que son désir de maternité, même si la pression de la société est puissante.

Sophie va beaucoup mieux. Convaincue d'aimer son mari, elle sait qu'elle restera avec lui et a dédramatisé la situation. Quelques mois plus tard, elle m'appelle pour m'annoncer qu'elle est enceinte. Une fois le stress évacué, son corps a repris ses fonctions normales : Sophie n'a plus dans son esprit d'obstacle à devenir mère.

Chantal, cadre dans une banque, vient me voir pour perdre 20 kilos. Cette femme peu coquette arbore une coupe de cheveux passée de mode depuis trente ans. Ses lunettes sont épaisses, son maquillage aux abonnés absents, son style vestimentaire comme ses propos d'une monotonie rare. On lui donnerait une cinquantaine d'années alors qu'elle en a trente-huit. Quand je l'interroge pour savoir pourquoi elle souhaite maigrir, elle parle de sa santé.

Chantal maigrit très rapidement et, au fur et à mesure, son apparence change. Et des confidences affleurent. Sur ses deux enfants, elle ne s'étend pas : ils travaillent bien à l'école, ont des rapports excellents avec elle. Le hic, je le devine, concerne son mari... Elle l'adore, mais ils n'ont plus de relations sexuelles depuis deux ou trois ans, sans qu'elle sache pourquoi. Son époux explique juste ne plus éprouver de plaisir. Il lui a même conseillé de prendre un amant. Or, ne concevant pas l'amour sans rapports sexuels, Chantal lui a suggéré d'aller voir un médecin, conseil très mal reçu.

Parce qu'elle n'arrive pas à admettre que son conjoint soit responsable de la situation et refuse de se traiter, elle a pris la culpabilité à son compte et s'est rendue non désirable. Plutôt que d'exprimer son insatisfaction sexuelle et amoureuse, elle a préféré, inconsciemment, modifier son corps. Mais, comme elle a du mal à se résigner, elle vient me voir pour retrouver sa séduction perdue.

Chantal embellit de semaine en semaine. En retrouvant sa silhouette, elle a de nouveau plaisir à s'occuper d'elle. Son mari, lui, est jaloux, ne comprenant pas cet amincissement brutal. Et puis, un jour, elle arrive totalement épanouie. Et quand je lui demande la raison de sa joie et sa gaieté, elle m'explique qu'elle vient de renouer avec les sensations physiques.

Dans certaines dépressions, l'intérêt que l'on se porte disparaît très souvent, et la prise de poids est une des premières manifestations du désintérêt que l'on éprouve vis-à-vis de soi-même. En cas de mélancolie profonde, quand rien ne nous intéresse, nous rejetons l'idée que notre physique puisse être un objet de désir.

Marie-Jeanne, une religieuse, a beaucoup grossi depuis un récent retour d'Afrique où elle était missionnaire. Femme d'une grande sensibilité et d'une grande générosité de cœur, son espoir le plus cher est de retourner très vite sur le continent noir, mais ses supérieurs le lui interdisent.

Malgré tous mes conseils, elle ne perd pas un gramme. Je l'interroge et m'enquiers notamment du motif pour lequel on l'empêche de repartir. Il y a bien une explication, mais c'est un secret. À force de patience, je finis par découvrir son histoire.

Installée dans une région isolée du Gabon, elle était très aimée et entretenait des relations chaleureuses avec les habitants. Servant tout à la fois d'institutrice, de directeur de conscience, de personne à tout faire, Marie-Jeanne rédigeait des lettres, donnait des conseils sur l'organisation des maisonnées, prodiguait des soins médicaux. Elle s'était particulièrement attachée à un jeune homme qui vivait seul depuis le départ de ses parents, l'avait pris sous son aile et le considérait comme un filleul. Ce jeune homme étant d'une beauté extraordinaire, Marie-Jeanne, malgré ses vœux, avait éprouvé envers lui des émotions. Pourtant, après une soirée particulièrement chaleureuse et agréable, il l'avait violée, terrible agression qu'elle avait perçue à la fois sur le plan physique et intellectuel. De surcroît, elle s'était persuadée que, par son attitude qu'elle jugeait provocante, elle l'avait conduit à cet acte. En fait, elle se reprochait d'avoir eu des pensées interdites et avait **commencé à grossir pour créer une distance avec les autres.**

Au fil de nos conversations, Marie-Jeanne a compris qu'elle n'était en rien responsable du viol. Elle ne pouvait gérer ses pulsions en dépit de son vœu de chasteté, mais n'avait jamais souhaité un passage à l'acte. À la suite de cette «thérapie nutritionnelle», Marie-Jeanne a maigri et est retournée en Afrique.

On le voit à travers ces exemples réels : certaines formes d'agressions conduisent à grossir. Et le corps se transforme en protection à l'égard de l'extérieur. Il peut contribuer également à faire disparaître tout signe de féminité. Ou du moins c'est ce que croient celles qui grossissent. Il n'est pas rare, dans les prises de poids irréductibles, de retrouver dans le passé des personnes des événements d'ordre sexuel extrêmement traumatisants, même s'il n'y a pas eu agression à proprement parler. Lorsqu'une femme se rend compte qu'un homme de sa famille, par exemple, la regarde avec désir, même si aucun geste n'est tenté, elle aura tendance à se protéger de l'extérieur en rendant son corps moins désirable par la couche de graisse qu'elle mettra entre elle-même et l'autre. Une réaction d'autant plus forte qu'elle-même aura ressenti des désirs «interdits». Autant d'histoires qui montrent que le corps est un vecteur d'expression. Lorsque les problèmes qui nous accablent ne sont pas résolus, nous grossissons. Dès que ces ennuis trouvent une solution, on maigrit.

Édouard, âgé de soixante ans, respire péniblement et entre dans mon bureau en soufflant. Il me raconte sa prise de poids dans laquelle l'alcool tient une place importante. Il est vrai que sa vie est ponctuée de déjeuners d'affaires et d'émotions alimentaires lors des repas du soir pris à domicile. Cet homme politique dont la carrière s'achève a d'abord été entrepreneur, puis a vendu sa société avant de devenir maire de sa commune et conseiller régional. À l'âge de la retraite, il vient de perdre ses différents mandats et se retrouve aussi désœuvré que meurtri par son échec électoral.

Non seulement Édouard s'ennuie, mais il a perdu toute estime envers lui-même. Il éprouve un vide intérieur qu'il comble de deux façons : la première consiste à se donner du plaisir par l'alimentation, la seconde à se suicider par l'excès d'alimentation. Cet homme dont la vie avait été si pleine va désormais gaver son corps.

Cette forme de prise de poids est extrêmement fréquente. Au moment du départ en retraite, beaucoup de patients utilisent la nourriture pour combler le vide de leur existence. À cause du désœuvrement, mais aussi d'une dénarcissisation parce qu'ils perdent leur repères, persuadés que la fin de leur activité signe une forme de mort sociale.

Enfin, une dernière histoire particulièrement instructive.

J'ai soigné pendant de longues années une femme tout à fait atypique. Maria, veuve de soixante-cinq ans, vivait avec sa mère grabataire, ne cessait de pester contre elle, se plaignant de ses exigences et du coût qu'elle représentait pour elle. Sa vie était entièrement « bouffée » par la présence de cette femme, qu'elle aimait mais dont elle n'aurait pas imaginé qu'elle la contraindrait à de tels sacrifices. Le jour où sa mère est décédée, je me suis dit que Maria allait enfin pouvoir vivre comme elle le désirait. Au lieu de cela, elle s'est mise à grossir excessivement. Désormais, ses journées n'avaient plus de sens : elle matérialisait le vide ressenti en le comblant par la nourriture.

L'expérience m'a montré, heureusement, qu'avec du temps et quelques questions, on parvient à déterminer l'origine des troubles. Et qu'on arrive à casser la relation entre trouble psychique et prise alimentaire. Encore faut-il que les patients fassent la démarche d'aller voir un médecin et, surtout, acceptent, au fil des séances, de se dévoiler, de se livrer, de se révéler.

Car la vérité des surcharges pondérales n'est pas sur soi, mais au fond de soi... Même quand il existe d'autres facteurs propices à la prise de poids.

TABLE DES MATIÈRES

1. Surtout, lisez ça!
Sgt. Pepper's Lonely Hearts Club Band.. 11

2. Argenteuil, octobre 2011
She's Leaving Home 19

3. Le mur des Lamentations
With a Little Help from My Friends 21

4. Le Top 5
Getting Better 33

5. La rencontre
Within You, Without You 37

6. La reconnaissance
Being for the Benefit of Mr Kite 49

7. L'enfer
Fixing a Hole... 77

8. Les cliniques diététiques
Lovely Rita 95

9. Montevideo
Lucy in the Sky with Diamonds... 103

10. Douches matinales à la Bétadine
Good Morning, Good Morning 113

11. La fin de la faim
When I'm Sixty-Four 121

12. Surtout, lisez ça ! (reprise)
Sgt. Pepper's Lonely Hearts Club Band (reprise) 135

13. L'Amour Monstre
A Day in the Life 137

JEAN-MICHEL COHEN

Dieu, la vie, l'amour, l'amitié, la mort
Et une petite boule sur l'épaule de Guy Carlier 149

M le maudit 153

Les constructions mécaniques de l'obésité 155

Le Fou du roi 159

Comment devient-on gros ? 163

Sur l'hypocondrie 167

Le Top 10 173

Sur l'indice de masse corporelle 175

Sur la culpabilité de l'obèse 177

L'effet yo-yo 179

Salauds de pauvres !... 183

Sur les pièges alimentaires 185

Quelques histoires de poids... 203

Les papiers utilisés dans cet ouvrage
sont issus de forêts responsablement gérées.

Cet ouvrage a été achevé d'imprimer sur Roto-Page
par l'Imprimerie Floch (Mayenne) en avril 2019.
Dépôt légal : mai 2019.
N° d'édition : 6173 – N° d'impression : 94341
ISBN 978-2-7491-6173-0
Imprimé en France